부모와 교사가 함께하는 아동 경제인성 교육

경제습관이 인성교육

윤 정 란

창지사

머리말

전 세계에는 아주 다양한 민족이 어우러져서 살아가고 있습니다. 그중에서 가장 우수하고 독특한 민족을 꼽으라고 하면 여러분은 어느 민족이라고 생각하세요? 저는 유태인과 한국인이라고 생각합니다.

유태인과 한국인은 공통점이 많습니다. 첫째, 굉장히 우수한 두뇌를 가지고 있습니다. 둘째, 지정학적 위치로 인해 주변국으로부터 많은 괴롭힘을 겪었지만 잘 극복하였습니다. 셋째, 교육열이 어느 민족보다도 높아 문맹률이 가장 낮고 엄청난 발전을 이루었습니다.

특히 유태인은 미국에서 2% 정도밖에 안 되는 소수민족이지만, 미국 경제를 쥐락펴락하고 자본주의 역사에 큰 획을 그은 인물이 많습니다. 대표적인 예로, 자본주의 이론의 창시자인 아담 스미스, 공산주의 이론의 창시자인 칼 마르크스, 경영학의 창시자인 피터 드러커 교수, 미국 경제를 10년 동안 호황으로 이끌었다는 평을 받는 미연방준비위원회의 엘런 그리스펀 의장이 있습니다. 게다가 유태인은 그동안 노벨상도 100회 이상 수상했습니다.

한국인과 유태인은 많은 공통점을 가지고 있으나, 유태인이 자본주의 사회에서 볼 때 더 많은 성과를 내고 있다고 평가되는 이유는 무엇일까요?

유태인의 기본서라고 불리는 『탈무드』에는 이런 말이 있습니다.

"몸의 모든 부분은 마음에 의존하고 마음은 지갑에 의존한다."

"돈은 사람을 축복해 주는 것이다."

"세상의 모든 고통과 아픔은 가난에 비한다면 가난이 훨씬 더 고통스럽고 아프다."

"사람을 해치는 것은 세 가지가 있는데 근심, 말다툼, 그리고 빈 지갑이다."

그러나 우리나라는 유교 전통으로 인해 '청빈사상'이 뿌리 깊이 남아 있습니다.

> "황금 보기를 돌같이 하라."
> "돈 밝히면 못 쓴다."
> "송충이는 솔잎을 먹어야 한다."

이러한 청빈사상은 유교 시대에서는 백성을 살피는 관리의 도리로서 중요했지만, 자본주의 시대를 살고 있는 현대에서는 바람직한 경제관념과 많이 부딪치기도 합니다.

우리 한국인은 유태인과 비슷한 특성을 가진 우수한 민족이므로, 현대의 자본주의에 맞는 경제적인 사고로 무장한다면 지금보다 훨씬 더 선진국이 될 것입니다.

우리가 살고 있는 자본주의 세상에서 경제적 자유를 위해 미리 준비하는 자세는 우리의 행복을 위해서 가장 중요한 일입니다. 따라서 어린 시절부터 경제교육을 시작하여 온 가족이 함께 좋은 경제적 습관을 형성해 나가야 합니다. 또한, 아이들은 발달 단계마다 각각의 발달적 특징이 있으므로, 경제교육을 할 때는 발달 단계에 적합한 접근이 무엇보다도 중요합니다.

저자는 아동전문가로 교육현장에서 아동발달에 적합한 경제 관련 프로그램을 프로젝트 접근법 형식으로 직접 실시하여 효과를 확인하였습니다. 이러한 경제적 지식과 실전을 바탕으로, 이 책에서는 어린 시절부터 경제적 습관을 들일 수 있는 다양한 방법을 소개합니다.

제1~2장에서는 경제를 왜 알아야 하는지와 바람직한 경제 습관에 대하여 이론적 기초를 제공합니다.

제3장에서는 아이에게 바람직한 경제적 습관을 들일 수 있는 구체적인 방법을 수입, 관리, 투자, 소비, 나눔으로 나누어서 소개합니다.

제4장에서는 교육기관에서 경제교육 프로그램을 진행한 사례를 소개하며 가정에서 활동해 볼 수 있는 자료를 제공합니다.

제5장에서는 경제교육을 위해 직접 체험해 볼 수 있는 다양한 매체와 견학지 등을 소개합니다.

부록에서는 경제교육을 위한 다양한 활동지를 수록하여 바로 오려서 편리하게 사용할 수 있도록 하였습니다.

이 책이 부모님과 교사, 예비교사들에게는 경제적 지식과 용기를 불러일으키는 동기부여가 되고, 어린이들에게는 앞으로 멋진 경제인이 되는 준비를 할 수 있는 계기가 되기를 바랍니다.

2020년 4월

모두가 경제적 자유를 누리는 세상을 꿈꾸는

저자 **윤정란** 드림

차 례

CONTENTS

C O N T E N T S

부록

CHAPTER 1

경제를 알면 부자

01 경제를 알아야 부자라고요?

02 어린이 경제 공부 왜 해야 하죠?

03 경제교육이 인성교육

04 꾸준한 경제 공부가 아닌 즉흥적 경제 관심은 위험해요

CHAPTER 1

경제를 알면 부자

01 경제를 알아야 부자라고요?

최근 20~30대의 젊은 층에서 신용불량자가 급증하고 있다는 뉴스가 심심찮게 나온다. 왜 이러한 일이 일어날까?

모든 것을 주어도 아깝지 않은 예쁜 나의 아이. 교육경쟁이 치열한 현실에서 아침부터 밤까지 공부에 치여서 힘들어하는 이 아이가 안쓰럽기만 하다. 나의 아이를 힘들게 하는 이러한 교육 체계가 원망스럽다. 그래서 아이를 미국으로 유학을 보내기로 큰 결심을 한다.

한국의 몇 배에 달하는 학교 등록금, 집세, 식비, 용돈 등등. 예상했던 것보다 훨씬 많은 돈이 든다. 그래도 자녀의 성공과 행복을 위해서 부모의 생활은 거의 포기하면서까지 학비와 생활비를 마련하여 보내준다. 10년이 지나 자녀는 대학을 졸업하여 유학생활을 마치고 돌아왔다. 그동안 자녀에게 10억 원 넘게 들어갔다. 비록 많은 돈이 들었지만, 자녀가 한국에 돌아와서 해외 경험과 대학에서의 전공을 살려 좋은 회사에 들어가 성공만 한다면 부모는 다 괜찮다고 생각한다.

그런데 한국에 돌아온 자녀는 유학파가 평범한 회사원이 될 수 없다고 하며, 해외에서 공부한 경험을 살려 사업을 할 테니 자금을 지원해 달라고 한다. 부모는 번 돈의 대부분을 유학비용으로 사용하느라 미처 노후 준비를 제대로 하지 못했지만, 자녀가 능력을 살려 보겠다고 하니 집을 팔아서 사업 자금을 마련해 준다. 그러나 그럴듯하게 시작한 사업은 얼마 가지 않아서 실패한다. 자녀는 다른 사업을 시작할 수 있게 또 도와달라고 한다. 몇 번을 그러는 동안 부모는 집뿐만 아니라 갖고 있던 재산의 대부분을 탕진해 버렸다. 이제 성인이 된 자녀와 부모의 미래는 암울하기만 하다.

왜 이런 일이 일어났을까?

부모와 떨어져서 혼자 생활하며 학교만 다닌 아이는 유학 생활 중 학교에서 배운 전공 이외에 부모의 교육을 통해 습득되어야 할 인성과 바람직한 경제적 습관이 형성될 기회가 없었다. 한국에 돌아와서는 혼자 생활하며 잘못 형성된 소비 습관을 바꾸지 못하고 돈을 낭비했다. 또한, 사업은 좋은 아이디어나 아이템뿐만 아니라 경제 흐름을 읽을 줄 알아야 하고 주변의 다양한 변수가 맞아야 하는데, 어린 시절부터 경제관념을 체득하지 못했기 때문에 매번 실패하는 것은 당연한 결과이다.

현재 스마트폰 업계에서 세기의 경쟁사라 여기는 삼성과 애플 역시 경제 상황을 충분히 관망하다가 시장성이 충분히 갖추어진 시기에 신제품을 출시한다. 사업은 제품만 좋아서 되는 것이 아니다. 기술, 양산 체제, 시장성, 협상력, 리더십, 적절한 시기 등 다양한 점이 복합적으로 어우러져야 많은 이윤을 남기는 대박을 터뜨릴 수 있는 것이다. 어린 시기부터 부모와 떨어져 생활하여 올바른 경제관념과 인성을 갖추지 못한 사람이 자신의 전문성만 믿고 사업에 뛰어들어서는 결코 성공할 수 없다.

스스로 노력하는 과정 없이 부모가 주는 대로 편안하게 풍족함을 누리면서 자연스럽게 형성된 소비 습관은 자립할 수 없는 성인을 만든다. 다시 말해 자립할 나이가 되어도 부모에게 경제적으로 기대어 사는 '캥거루족'이 된다. 성인이 된 자녀가 늙은 부모에게 경제적으로 계속 의지한다면 부모의 노후는 암울할 수밖에 없다.

세계의 대부호들은 어린 시절부터 자녀의 경제습관교육에 아주 많은 공을 들인다고 한다. 이들은 자녀가 다섯 살이 되면 구체적인 경제교육을 시작한다. "부자는 3대를 못 간다."라는 말이 있지만, 석유왕 록펠러 일가는 4대가 지나도 망한 자녀가 한 명도 없다. 가정에서부터 훌륭한 경제교육을 하여 바람직한 경제적 습관을 형성하게 한 것이 그 비결이다.

데이비드 록펠러는 어릴 때부터 농사일을 하면 시간당 10센트의 용돈을 받았다고 한다. 노동의 대가로 받은 용돈이어서 그런지 계산을 하는 데 재미를 느꼈다고 한다. 그는 자신의 경험을 그의 자손에게도 적용하였다. 록펠러 가문의 아이들은 모두 어려서부터 일을 하여 용돈을 받았고, 이를 어기면 용돈을 주지 않았다고 한다. 이는 자녀의 경제적 독립을 키워 주는 산교육이다.

홍콩의 대부호 리자청은 "현장에 참여하게 하라." 하면서 두 아들이 여덟 살이 되자 회의실에 작은 의자를 가져다 놓고 회사 회의를 참관하게 했다. 이러한 경험을 바탕으로 두 아들은 성장해서 각각 사업체를 차렸고 큰 아들 빅터는 부동산 개발업체로, 둘째 아들 리처드는 투자은행으로 크게 성공했다.

부자가 되는 방법은 부자가 된 이들의 방법을 배우는 것이 아니라 부자의 사고방식을 배우는 것이다.

부자의 사고방식을 배우려면 어떻게 하면 될까?

사고방식은 경제 공부가 필요하다고 느끼는 어른 시기가 아닌 어린 시기부터 자연스럽게 형성된다. 록펠러나 리자청처럼 부자 부모로부터 자연스럽게 사고방식을 배우면 좋지만, 부자가 되는 교육을 시키기 위해 꼭 부자일 필요는 없다. 부자의 마인드를 가지고 아이에게 부에 대해 올바른 태도와 습관을 심어 주면 된다.

어떤 태도와 마인드를 지닌 사람이 건전한 부자인지를 구체적으로 알고, 건전한 부자마인드를 지닌 사람이 쓴 좋은 책을 읽고 부자마인드를 지니면 된다. 이런 공부는 아이를 위한 것이기도 하지만 부모 스스로를 위한 것이기도 하다.

부자의 마인드를 가지고 있으면 서서히 부자가 될 수 있다. 즉, 돈과 부에 대한 올바른 시각을 갖고 있을수록 인생에서 맞닥뜨리는 많은 선택의 순간에 정확한 판단을 할 수 있을 것이다.

가난한 삶에 만족하며 알 수 없는 미래를 불안해하지 않고 확실한 준비로 편안한 미래를 맞이하려면 부자 되는 경제교육이 반드시 필요하다.

아동발달 Tip

일찍 시작할수록 좋은 경제교육

영 · 유아기는 발달적으로 세상에 대해 신뢰를 쌓아 가며 기본 인성의 80% 이상이 형성되는 인생에서 가장 중요한 시기이다. 이 시기에 학습적인 경제 공부가 아닌 생활 중에서 자연스럽게 이루어지는 기본적인 경제활동을 하면 자연스럽게 바람직한 경제 습관이 자리 잡게 된다. 마치 한 번 자전거 타는 법을 익히면 그 감각을 몸이 기억해서 오랜만에 자전거를 탈 때 잠시 균형을 잡지 못하다가도 곧 균형을 잡아 자전거를 탈 수 있는 것과 같다.

경제 습관을 형성하는 것도 이와 마찬가지다. 어린 시기에 경제 습관을 형성하여 체득하면, 성장 과정에서 점차 인지구조가 발달하여 좀 더 복잡한 경제적 행동의 발달도 쉽게 꾀할 수 있다.

어릴 때 경제 습관이 형성되지 않은 상태에서 성인이 되어 뒤늦게 경제 공부의 필요성을 느껴 공부하기 시작하면 학습적인 뇌가 작동한다. 학습적인 뇌가 작동하면 수많은 선택의 순간에 수학 공부를 하는 것처럼 계산하고 경제 흐름을 읽어 가기 때문에 경제 개념 형성에서부터 굉장한 어려움을 겪으며 포기하는 경우가 생기게 된다. 그러므로 가능한 한 일찍 경제교육을 시작해야 자연스럽게 바람직한 경제 습관이 형성되어 훌륭한 경제인으로서 능력을 발휘할 수 있다.

내 자녀의 경제교육, 빠르면 빠를수록 좋다!

02 어린이 경제 공부 왜 해야 하죠?

유교의 청빈사상으로 인해 아이에게 경제를 가르치고 돈에 관한 이야기를 하는 것을 터부시하는 부모가 많다. 저자 또한 부모님으로부터 아무것도 생각하지 말고 공부만 잘하면 된다는 말을 들으면서 자랐다. 그러다 보니 '돈이란 몰라도 되는 것, 돈을 일찍 아는 것은 아이답지 않고 순수성을 잃어버리는 것'이라는 가치관이 형성되었다.

'한강의 기적'이라 불리던 1970~80년대에는 경제가 고도로 성장하였던 시절이다. 예금만 하면 10%대의 이자를 받았기 때문에 특별한 경제교육 없이 좋은 회사에 들어가서 성실하게 일하고 월급 받아서 저축하면 내 집 마련도 가능하였다. 그러나 현재는 경제성장기도 아니고 예금에 대한 이자가 거의 없는 데다가 물가는 높아서 경제관념 없이는 평범한 생활을 하기도 어려운 시대이다.

그러면 우리나라의 상황이 그만큼 나빠진 것인가? 아니다. 우리나라가 후진국에서 경제성장기를 지나 선진국에 진입했기 때문이다. 후진국의 주요 산업은 농업, 목축업, 임업 등 1차 산업이다. 이때는 논이나 과수원 등 농업, 목축업을 할 수 있는 땅을 사는 것이 확실한 재테크이다.

개발도상국의 주요 산업은 제조업, 건설업 같은 2차 산업이다. 바로 우리 부모 세대가 경제활동을 하던 시대이다. 제조업이 발달하니 농업, 어업, 임업에 종사하던 사람들이 일자리를 찾아 도시로 몰려들어 공장에 취직했다. 사람들이 몰리니 집이 부족해서 집값도 오르고 기업들은 매출이 올라 대출을 받아 시설을 확충했다. 은행들은 대출해 줄 돈이 부족하니 예금자에게 높은 이자를 주면서 예금을 독려하여 이자가 10%대에 육박했다. 현재 베트남, 인도 등 개발도상국이 이러한 상황이다.

우리나라가 속한 선진국은 금융업, 통신업, 서비스업 같은 3차 산업이 발달해 있고 금융자본이 힘을 가진다. 노동을 해서 돈을 버는 속도보다 돈이 돈을 버는 속도가 훨씬 빠르다. 그래서 돈이 많을수록 더욱 부자가 되고 돈이 없을수록 점점 더 가난해진다.

이러한 경제적 조건을 지닌 선진국에 살고 있는 우리는 개발도상국에서 살았던 부모 세대와는 다른 방법으로, 즉 선진국에 맞는 방법으로 경제활동에 임해야 한다. 돈을 매개로 모든 활동이 이루어지는 자본주의 속에 살고 있는 우리가 돈을 잘 모른다면 너무나 어려운 상황에 처할 수밖에 없다.

어린 시절을 돈과 경제에 관해서 무지하게 보내고 성인이 된 후에 뒤늦게 경제교육의 필요성을 알고 공부를 하려고 하니 어디서 어떻게 무엇부터 해야 할지 몰라 난감했던 기억이 있을 것이다. 게다가 경제 용어를 익히며 수치로 계산하고 그래프를 분석하는 공부가 경제 공부의 전부인 것으로 여기다 보니 경제가 너무 어렵기만 하다.

따라서 우리는 어릴 때부터 생활 속에서 자연스러운 경제활동을 통해 돈을 계획적으로 활용하는 것을 습관화해야 한다. **어린 시기부터 경제교육을 해서 자연스럽게 경제관념이 생기면, 당연히 합리적으로 계획, 소비, 관리하는 습관이 생겨 성인이 되어서도 힘들이지 않고 여유로운 생활을 즐길 수 있다.**

델컴퓨터의 창업자인 마이클 델은 18세의 나이에 1천 달러로 회사를 창업하여 첫해 6백만 달러의 매출을 올린 인물이다. 델은 어릴 적부터 가족들과 저녁 식탁에서 '연방 준비제도 이사회 의장의 결정이 경제와 인플레이션에 미치는 영향' 등에 관해 이야기를 나누었다고 한다. 또한, 어떤 기업에 투자해야 할지, 어떤 주식을 매입하고 매도해야 할지에 관한 것도 대화거리로 자주 등장했다고 회고한다.

우리의 저녁 식탁의 모습은 어떠한가? 아마도 온 가족이 둘러앉아 함께 식사할 시간을 맞추기도 어려울 것이다.

'어린이의 경제 행동 조사'에 따르면, 만 1세부터 돈에 대한 욕망을 갖기 시작한다고 한다. 이 시기부터 TV나 SNS 등 여러 매체에 노출되는 광고를 본 후 장난감을 사 달라고 조르기 시작하는데, 이때가 곧 아이가 경제 행위를 시작하는 시기이다.

만 4~5세가 되면 아이는 돈에 관해 알기 시작하고 갖고 싶어 한다. 그러나 아직 화폐의 가치를 정확히 가늠하지는 못한다. 초등학교에 가게 되는 만 6세 무렵이면 혼자서 쇼핑하는 경험을 하게 된다. 돈으로 맛있는 것을 사기도 하고 갖고 싶은 물건을 사기 위해 돈이 있어야 한다는 사실도 인식한다.

경제교육은 구체적인 수치와 그래프로 가르치는 것이 아니라 경제적 의사결정을 잘할 수 있는 습관이 중요한 '습관교육'이다. 경제 행동이 시작되는 어린 시기부터 합리적인 경제 습관이 형성되어야 자본주의 사회에서 합리적인 경제인으로 성장할 수 있다.

2019년 금융감독원에서 발표한 바에 따르면, 우리나라의 금융 감각은 거의 금융문맹에 가깝다고 한다. 이는 학교에 금융 관련 정규과목이 없고, 배운다고

해도 일부에 그쳐 올바른 경제 습관이 형성되지 못했기 때문이다.

금융교육이 활성화된 일본의 비영리단체인 NPO 머니 스프라우트는 "금전교육의 시작은 만 5세 전후 유치원 시절이 적당하다."라고 조언한다. **구체적인 금전교육은 만 5세 전후에 유아교육기관에서 이루어져야 하며, 그 이전부터 가정에서 금융 관련 습관을 길러 주어야 한다.**

아동발달 Tip

선택의 경험을 제공해서 습관을 만들어요

미국의 사회학자인 줄리엣 B. 쇼머 교수는 "자녀들과 함께하는 시간이 적은 부모일수록 자녀에게 더 많은 돈을 쓰고 있다."라고 한다.

앞에서 언급한 대로 아이들은 만 4~5세가 되면 돈에 관해서 알기 시작하고 갖고 싶어 하는 것이 생긴다. 이후 초등학교에 가게 되는 만 6세가 되면 갖고 싶은 것을 사려면 돈이 필요하다는 것을 알게 된다. 아이가 갖고 싶은 것이 생기는 때가 아이와 부모의 경제적 습관 들이기의 첫걸음이 시작되는 시기이다.

유아는 발달 특성상 자기 의사를 잘 표현하기 어려워한다. 그래서 자신이 원하는 것을 얻으려고 할 때 '조르기'를 많이 쓰는데, 이때 자녀와 함께하는 시간이 적은 부모들은 죄책감으로 인해 아이의 조르기에 쉽게 넘어가기도 한다. 그러나 이러한 일이 반복되면 아이는 원하는 것이 있을 때 의사 표현을 효과적으로 하는 방법을 배우지 못하고 '조르기' 행동을 선택하게 되고, 그 강도는 점점 더 심해지게 된다.

선택을 하는 것은 삶의 일부분이기 때문에 효과적인 의사 표현 방법으로 올바른 선택을 할 수 있도록 교육하는 것이 무엇보다도 중요하다.

유아기는 경제적 습관을 들이기 시작하는 시기이므로, 모든 것을 다 사 주고 싶어도 아이가 원하는 여러 가지 물건 중에서 한 가지를 선택할 수 있도록 하여 선택의 개념과 의미를 알고 바람직한 소비 습관을 형성할 수 있도록 도와주는 것이 좋다.

03 경제교육이 인성교육

경제교육은 돈을 버는 것뿐만 아니라 현명하게 관리하고 투자하고 기부하여 더불어 살아가는 방법을 배우는 것이다.

미국의 경제학자 뉴슨의 연구에 따르면 미국의 중산층 이상의 아이가 하위 계층의 아이보다 더 적은 용돈을 받았지만, 저축은 더 많이 했다고 한다. 더 적은 용돈을 받고 더 많은 저축을 하는 비결은 무엇일까?

뉴슨은 두 집단의 인식 차이에 있다고 설명했다. 하위 계층에 좋은 생활이란 '돈을 많이 쓰는 것'이지만, 중산층 이상은 '아직 쓸 수 있는 돈이 많은 것'이라 여긴다고 해석했다.

돈 자체가 행복을 가져다주는 것은 아니다. 돈을 좇는 과정에서 행복하지 않다면, 부자가 되어도 결코 행복할 수 없다.

명품을 사는 것 자체가 중요한 것이 아니라 그것을 살 수 있는 여력이 있어서 살지 말지를 선택할 수 있는 것과 살 수 있는 여력이 없지만 사고 싶은 것은 확연히 다르다. 명품을 살 여력이 되지만 굳이 필요하지 않으면 사지 않는 것과 남들에게 부자로 보이고 싶어서 무리하게 사는 것은 다른 것이다.

다시 말하면, 브랜드나 가격보다는 가치를 먼저 생각하고 살지 말지를 스스로 선택할 수 있는 능력, 이것이 진정한 경제적 자유이다.

가진 돈을 모두 쓰지 않고 쓸 수 있는 돈을 남겨 놓고 자기 가치관에 따라 스스로 살지 말지를 결정하는 경제적 선택을 할 수 있는 능력을 갖추려면 자기 절제와 인내심이 필요하다.

오늘날처럼 풍요로운 세상에서 인내심과 자기 절제를 익히기는 쉽지 않다. 왜냐하면, 인성은 힘든 경험을 통해서 길러지는 경우가 많기 때문이다.

풍요로운 오늘을 사는 부모는 내 아이가 부족함이나 불편한 상황을 참고 능동적으로 개선하는 노력을 할 수 있도록 도와주어야 한다. 스스로 참고 극복하는 과정에서 인내심과 자기 절제가 길러지는데, 이것이 바로 경제교육이다. 그러므로 경제교육은 곧 인성교육이다.

어린 시절부터 경제교육을 통하여 경제적 습관을 들인다는 것은 자신의 행동을 계획하고 행동을 책임지는 습관을 들이는 것이다. 그래서 경제교육은 단순히 돈을 가르치는 것이 아니라 인간적인 발달과 재정적인 여유를 조화시키는 교육이다. 이처럼 인간적 발달과 재정적 여유가 조화된 아이는 이 시대 리더의 조건을 갖추게 되어 성공적인 삶을 살 수 있다.

평범한 월급쟁이에서 최고의 경영자로 오른 사람들에게서 가장 많이 나타나는 능력은 무엇일까? 연구에 따르면 '상대의 입장에서 생각하는 능력'이 가장 탁월했고, 사물을 훤히 꿰뚫어 보는 통찰력, 야심과 집념이 있었다고 한다.

상대의 입장에서 생각하려면 상대를 존중할 줄 알아야 한다.

성공하려면 정직해야 하고 신용을 지키며 겸손해야 하고 조화로운 리더가 되어야 한다. 이 모든 것의 중심은 '상대를 존중하는 습관', 즉 '상대를 존중하는 마음'이다. 이러한 덕목을 갖추고 있으면 성공은 자연스럽게 따라온다. 존중하는 마음 없이 통찰력과 야심, 집념만으로 리더가 되었다면 잠깐 리더의 자리에 있을 수는 있지만 오래가지 않으며 자신과 타인 모두를 불행하게 할 수 있다.

상대방을 존중하는 마음과 더불어 통찰력, 야심, 집념 등 다양한 능력이 조화를 이룰 때 비로소 진정한 리더가 되어 자신과 타인 모두가 행복할 수 있다.

올바른 경제교육을 통해 조화로운 인격을 갖춘 리더로 자라나게 하는 것이 곧 인성교육이다.

아동발달 Tip

꿈이 있는 아이는 태도가 달라요

내 아이는 어떤 아이로 자라나면 좋을까? 모든 부모의 바람은 인간적인 조화를 갖춘 진정한 리더로 자라나게 하는 것이 교육의 목표일 것이다.
가정에서 내 아이의 꿈에 관해 이야기해 본다.
아이들은 꿈이 자주 바뀐다. 그래서 주기적으로 아이에게 꿈에 대해서 물어보고 이야기 나누어 보는 것이 중요하다. **꿈이 있는 아이는 목표와 자기 자신 사이의 거리감을 대략 계산할 수 있기 때문에 공부를 하거나 목표 달성을 위한 태도가 다르다. 꿈이 있으면 확신을 하게 되고, 확신은 행동을 이끌어 낸다.**
미래는 꿈꾸는 사람의 것이다. 따라서 부모는 자주 아이와 꿈에 관해서 이야기 나누고, 아이가 꿈을 가지고 스스로 구체적인 실천으로 그 꿈을 이루어 나갈 수 있도록 격려하고 지원해 준다. 그리하면 아이는 자신의 꿈대로 행복한 미래를 설계하고 이루어 나갈 수 있다.

04 꾸준한 경제 공부가 아닌 즉흥적 경제 관심은 위험해요

우리는 왜 경제에 관심을 갖고 경제 공부를 할까? 경제 분석가나 경제학자가 아니라면 우리가 경제에 관심을 갖는 것은 돈을 벌어 풍요로운 생활을 하고 싶은 욕구 때문이다.

최근 은행에서 판매하는 파생상품을 분석할 금융 지식 없이 은행 직원의 권유로 가입했다가 큰 피해를 보는 사람을 종종 볼 수 있다. 또한, 주변에 주식, 부동산, 금리 등을 알아야 한다며 공부하러 다니는데 실제로는 돈을 벌기보다는 잃는 경우가 더 많다. 왜 이런 일이 생길까?

자본주의 사회에서 합법적으로 돈을 버는 방법은 크게 세 가지이다.

첫째, 근로소득이다. 일한 대가로 돈을 버는 것으로 나의 노동력과 돈을 교환한 것이다. 그래서 근로소득을 높이기 위해 스펙spec을 쌓아 몸값을 높이려고 노력한다.

둘째, 사업소득이다. 장사나 사업을 해서 돈을 버는 것으로 제품이나 서비스를 돈과 교환하므로 원가를 줄이고 판매를 높여 최대의 이익을 창출하는 데 집중한다.

셋째, 자본소득이다. 내가 가진 돈을 굴려서 돈을 버는 것이다. 미래의 가치에 대한 평가와 돈을 교환하는 것이다. 예를 들면, '5년 뒤에 땅값이 오를 것이다', '1년 뒤에 내가 산 주식이 오를 것이다', '6개월 뒤에 금리가 내릴 것이다'와 같이 미래를 예측해서 그곳에 내가 가진 돈을 교환해 놓고 이익을 기다리는 것이다. 주가가 상승해서 이익을 얻을 수도 있으며, 주가가 하락하는 것을 예상하고 투자해서 이익을 볼 수 있는 인버스inverse 투자도 자본소득이다.

우리는 이 '자본소득'을 통해 미래의 소득을 높이기 위하여 경제 공부를 한다. 그런데 경제에 관심을 갖는 사람들이 오히려 전혀 경제에 관심이 없는 사람들보다 돈을 잃는 경우가 많다. 여러 가지 이유가 있겠지만, 잘못된 정보를 맹신하거나 과대 홍보성 기사에 현혹된 경우가 대부분이다.

우리는 알게 모르게 TV, 라디오, 신문, 인터넷 등 대중매체의 영향을 많이 받는다. 대중매체를 통해서 나오는 정보는 모든 사람을 대상으로 하기 때문에 공신력이 있다는 믿음을 준다. 또한, 대중매체는 대중이 선호해야 광고수익 등이 발생하므로 정보를 제공하는 동시에 대중이 진실과 상관없이 듣고 싶어 하는 이야기를 하는 경우도 있다.

이러한 정보를 제공하는 동시에 대중을 매체가 의도한 대로 생각하도록 편향시키는 경우도 생긴다. 예를 들어, 저평가 주식이 많아 사는 것이 좋은 시기일 때 오히려 대중매체에서 "실적 전망이 어둡다"라는 기사를 내면, 투자 시기라고 판단했던 개미 투자자들이 해당 주식을 사는 것을 망설이다 사지 않는다. 그러다가 그 주가의 실적이 좋아지면 이제 대중매체에서는 "어닝 서프라이즈다", "대외악재가 예상보다 빨리 해소되어 실적이 높아졌다" 하는 기사를 내놓는다. 이제는 실적이 상승되어 버린 시점이어서 투자하지 말아야 하는데, 이때 기사에서 말하는 장밋빛 희망을 보고 주식을 샀다가 손해를 보는 경우가 많다.

그런가 하면 "○○지역이 개발 수혜지역으로 관심을 받고 있다"라는 기사를 내고 인터뷰를 한 사람이 해당 부동산의 분양 홍보팀장인 경우도 있는데, 이럴 경우 신뢰할 수 없는 광고성 기사이므로 신중해야 한다.

이처럼 대중매체나 출연자의 말을 맹목적으로 믿고 관심을 갖고 따라가면 경제에 아예 관심이 없는 사람보다 관심이 있는 사람이 잘못된 정보에 현혹되어 손해를 보는 경우가 생기는 것이다.

우리 같은 일반인에게 큰 이익을 가져다주는 알짜 정보는 거의 없다. 그러한 정보는 철저하게 숨겨지거나, 정보를 왜곡시켜서 핵심을 파악하기 어렵다. 그런데도 없는 것을 있는 것으로 알고 찾아다니면 그때부터 가짜 정보를 이용해 돈을 탈취하려는 세력에 이용당하는 것이다. 몇 해 전에 '청담동 주식 부자'라고 이름을 날리며 투자자를 모아서 쓸모없는 장외주식으로 투자자들에게 큰 손해를 입힌 사기 사건도 있었다. 그래서 우리의 투자는 자신의 통찰력으로 자신이 직접 판단하고 분석해야 한다. 그렇다면 정보력이 없는 우리는 자본이익을 포기해야 할까? 그렇지 않다.

실질적인 도움이 되는 투자수익을 올리기 위해서는 군중심리, 대중 속에서 빠져나와야 한다. 다른 사람과는 다른 생각을 해야 하는데, 그러려면 용기가 필요하다.

우리가 용기를 내지 못하는 이유는 다른 사람과 같은 생각을 하고 군중심리 안에서 살아가야 덜 불안하고, 덜 복잡하며, 덜 외롭기 때문이다. 용기를 내어 동요되지 말고 자신의 생각을 명확히 하고 행동해야 한다. 남들이 가지 않는 길을 갈 때 오는 외로움을 두려워하지 않는 용기가 필요하다. 이러한 용기를 바탕으로 대중 속에서 빠져나오는 순간 경제뿐 아니라 사회가 돌아가는 큰 판이 보인다.

경제란 무엇인가? 우리가 실제로 살아가고 있는 세상이며 그 속에서 인간의 욕구와 복잡한 이해관계가 시스템화된 것이다. 이러한 이해관계가 얽힌 시스템 속에서 우리 주변에 떠도는 정보를 스스로 분석하고 재조합하는 과정이 필요하다. 그리고 그것을 믿고 행동할 용기가 필요하다. 그러려면 오랫동안 쌓아온 인문학적 지식과 습관화된 경제적 감각이 통찰력으로 연결되어야 한다.

어떤 주식이 얼마나 오를 것이라는 단편적인 홍보성 정보에 현혹되지 말고, 내 자녀와 함께 실제 세상을 움직이는 경제를 체험하여 차곡차곡 공부하는 시간을 쌓아 간다면 바른 경제 습관이 체화되고, 이것이 통찰력으로 나타나 중요한 선택의 순간에 올바른 선택을 하게 될 것이다.

인생은 선택의 연속이다. 매 순간의 선택에서 올바른 선택을 할 수 있도록 나 자신만의 뚜렷한 주관과 판단력으로 용기를 내어 좋은 경제 습관을 만들면 군중심리에서 빠져나와 행복한 경제적 자유를 누릴 수 있을 것이다.

잠깐! 경제 용어

인버스

인버스(inverse)란 사전적 의미로는 '반대'라는 뜻이다. 금융권에서 사용할 때 인버스 펀드 상품으로 사용하며 정식 명칭은 'inverse exchange traded fund'이다.

증시가 상승할 때 수익률도 상승하는 보통의 펀드와는 달리 하락장에서 수익을 내도록 설계된 상품이다. 이러한 특성 때문에 일명 청개구리 펀드라고도 부른다.

풋옵션 매수나 주가지수선물 매도 등으로 주가지수가 하락하면 수익이 나는 금융상품으로, 상승장에서는 손실이 발생한다. 즉, 지수 가격이 상승해야 수익을 얻는 구조인 상장지수펀드(ETF)와는 반대로 지수 가격이 하락해야 이익을 얻을 수 있다.

미국이 금리를 인상한 이후 신흥국에서 자금이 유출돼 아시아 증시가 불안해지자 마이너스 베팅(역방향 베팅)을 하는 투자자가 증가했고, 이후 약세장이 지속되면서 수익을 내고 있지만, 주가지수가 예상하지 못한 방향으로 흘러가면 큰 손실이 발생하기 때문에 위험한 투자 기법으로 분류한다.

장외주식

장외주식은 회사 공개 및 상장 요건이 미흡해 유가증권시장이나 코스닥에 상장되지 않은 주식을 일컫는다. 상장 요건에 미달하거나 상장 준비 중인 경우 또는 현금 보유가 많아 공모를 통한 상장이 필요하지 않은 경우도 있다. 장외주식은 미래의 성장 잠재력을 지니거나 가치가 제대로 반영되지 않은 종목이 많기 때문에 의외의 고수익을 창출하는 경우가 있다. 본문에서 언급한 '청담동 주식 부자'라 불리는 사람이 이러한 점을 홍보하면서 투자자들을 모아 막대한 피해를 입힌 사례가 있었다. **장외주식은 상장되지 않은 만큼 주식 종목의 정보를 구하기가 어려우므로 투자 시 각별한 주의가 필요하다.**

CHAPTER **2**

부자 되는 경제 습관

CHAPTER 2

부자 되는 경제 습관

01 경제교육은 습관교육

아이들에게 필요한 경제교육은 무엇일까?

아이들의 경제교육은 합리적인 경제 습관을 갖게 하는 것이 핵심이다.

경제학은 결국은 '현명한 선택'을 다루는 것이다. 경제학의 대전제는 인간의 욕망은 끝이 없지만, 가질 수 있는 자원은 한계가 있다는 '자원의 희소성'이다.

만 5세가 되면 아이들은 갖고 싶은 것을 살 때 돈이 있어야 한다는 것을 안다. 그 돈이 어디서 생기는 거냐고 물어보면 "은행에 가면 준다."라고 말한다. 아이들이 은행에서 돈을 그냥 주는 게 아니라는 것을 이해하려면 발달이 더 이루어져야 가능하다. 이 시기의 아이들은 눈에 보이는 대로만 이해하는 발달적 특성이 있다. 아이들은 부모가 은행에서 돈을 찾거나 카드로 물건을 사는 행동에 대해서 보이는 대로만 이해하기 때문에 은행에서는 무조건 돈을 찾을 수 있고 카드만 있으면 물건을 살 수 있다고 생각한다. 이러한 발달 단계의 아이들에게는 그래프를 보여 주고 경제 지식을 가르쳐 주어도 그것을 이해할 수 없을 뿐더러 아무런 의미가 없다. 그래서 어린이를 위한 경제교육은 체험을 통한 '습관교육'을 해야 한다.

그렇다면 습관교육은 어떻게 하면 좋을까? 부모가 물건을 사거나 계산을 할 때 원칙을 세우고 이러한 원칙이 습관이 될 때까지 반복해서 연습시키고 생활화하면 된다.

아동심리학에 '만족지연' 이론이 있다. 장기적인 목표 달성을 위해 순간의 충동적인 욕구나 행동을 자제하여 즐거움과 만족을 지연시키는 능력을 키우는 것으로, 이러한 자기 절제 능력은 학습만으로 획득되는 것이 아니다.

어린 시절부터 만족지연 능력이 높은 아이는 그렇지 않은 아이보다 사회적 성취도가 높은 것으로 나타났다. 대표적인 예로 스탠퍼드대학교의 월터 미셸 교수의 유명한 실험인 '마시멜로 실험'이 있다. 한 그룹의 아이들을 모아 놓고 아이들이 좋아하는 마시멜로를 가져다 놓는다. 마시멜로를 지금 먹으면 1개를 먹을 수 있고, 몇 분 동안 참았다가 먹으면 2개를 먹을 수 있다고 말한다. 마시멜로는 보편적인 미국 아이 대부분이 좋아하는 간식이다. 실험하는 동안 어떤 아이는 참지 않고 당장 1개를 먹었고, 다른 아이는 참았다가 2개를 받아서 먹었다. 이 실험에서 참았다가 2개를 먹은 아이는 현재 눈앞의 만족을 참고 미루었다가 계획한 후 더 큰 만족을 얻어 이후 아이의 성공 확률이 높다고 하는데, 이를 '만족지연 효과'라고 한다.

유아기에 만족지연을 했던 아이는 청소년기에 사회적 문제나 개인 문제에 더 잘 대처하고 높은 상위 목표를 가지며, 자아통제를 잘하고 성숙하다는 연구 결과가 있다. 이것은 아이들만의 이야기 같지만, 그렇지 않다. 성인도 현재 소비하고 싶은 욕망을 참고 투자나 저축을 함으로써 만족지연 행위를 한다.

아이들은 부모와 함께한 경험을 통해서 만족지연 능력을 배워 나가게 된다. 그렇다면 이 중요한 만족지연을 어떻게 가르치면 좋을까?

첫째, 모든 행동을 허용하지 않고 규칙을 정한다. 돈을 쓰는 행위뿐만 아니라 평소에 해도 되는 행동과 해서는 안 되는 행동을 구분하여 규칙을 정하고, 그 이유를 친절하게 설명해 준다.

둘째, 원하는 물건을 모두 다 사 주지 않는다. 물건을 살 때는 꼭 필요한 물건인지 아닌지 생각하고 계획을 세우고 돈을 모아서 사도록 한다. 어른은 물건을 살 때 카드를 사용하여 할부로 하는 경우가 많은데, 이보다는 물건의 금액만큼 돈을 모아서 사는 것이 바람직하다.

셋째, 주변에 도움을 구한다. 오랜만에 만난 친지나 친구들이 아이가 예쁘다고 과한 용돈을 줄 때가 있다. 이런 경우 아이는 돈의 정도나 가치를 정확하게 인지하지 못하게 되어, 계획하지 않고 무절제하게 소비하는 습관을 가질 수 있다. 아이에게 너무 과한 용돈을 주지 않도록 미리 당부해 둔다.

넷째, 미안한 마음을 용돈이나 선물로 대신하지 않는다. 특히 맞벌이 부모는 아이와 있는 시간이 적어서 미안한 마음을 용돈이나 선물로 대신하려는 경우가 많다. 이때 아이는 다른 일에서도 돈이면 다 된다고 생각할 수 있으므로, 정당한 용돈이 아니면 자제하고 대화나 함께하는 시간을 늘리도록 노력하는 것이 좋다.

어린이 경제교육은 어렵지 않다. 수학도 그래프도 필요가 없다. 그보다 중요한 것은 올바른 경제 습관을 갖도록 해 주는 것이다. **자신의 가치를 높이기 위해 부단히 노력하는 습관, 힘들게 번 돈을 현명하게 쓰는 습관, 욕망을 절제하며 돈을 아껴서 모으고 늘리는 습관, 어려운 이웃을 위해 기꺼이 자신의 일부를 나눌 줄 아는 습관이 어린이 경제교육의 핵심이다.**

아동발달 Tip

마시멜로 실험의 한계

최근 마시멜로 실험에 대해 여러 학자로부터 몇 가지 문제가 제기되었다. 실험에 참여한 아이들은 미국 명문 스탠퍼드대학교 교수나 대학원생의 자녀였다. 다른 직업군의 부모를 둔 아이보다 학업을 중히 여기는 부모의 자녀이기 때문에 성공 확률 자체가 높을 수도 있다. 그러나 비교군도 비슷한 직업군의 자녀이므로 큰 의미는 없을 듯하다.

또 다른 지적은 실험 후 15년이 지나서 추적 조사가 가능했던 사람은 653명 중 94명에 불과했다. 전체 참가자의 15%도 안 되는 조사 결과로 일반화를 했다는 지적이다. 나머지 85%를 포함했을 때도 같은 결과가 나올지 알 수 없다는 것이다.

마시멜로 실험의 한계가 나타나면서 자제력(원인)이 성공(결과)으로 이어진다는 인과관계는 다소 약화되었지만, 더 큰 보상을 위해 작은 보상을 뒤로 미루는 '만족지연'과 나중의 성취 사이에는 여전히 관련성이 있다.

실험의 한계를 고려하더라도 일상에서 뭔가를 이루려면 '자기통제력' 혹은 '자기조절력'이 매우 중요하다. 자기조절은 자신의 목표를 이루기 위해 마음을 다잡고 필요한 행동을 하는 심리적 과정을 의미한다. **자기조절력은 어려운 상황을 만났을 때 이를 극복하고 성공한 사람들이 공통으로 보여 준 특성이다. 인생 전반에 걸쳐서 매우 중요한 '자기조절력'의 시작점은 올바른 습관교육이다.**

02 경제교육은 몇 살부터 시작해요?

어린 시절 유난히 나를 예뻐하시던 아버지는 사랑하는 딸이 좋아하는 모습을 보고 싶은 마음에 자주 선물을 사 주셨다. 처음에는 과자나 사탕 등 작은 선물에도 굉장히 기뻐하던 나는 어느 새 아버지께서 사 주시는 선물을 당연하게 생각하였다. 아버지께서 빈손으로 퇴근하시는 날에는 화를 내기도 하고 토라지기도 했다. 이 모습을 본 아버지는 자신의 사소한 행동으로 인해 딸에게 나쁜 습관이 생기게 한 것은 아닌가 하고 판단하셨다. 이후 퇴근하면서 더 이상 선물을 사 오지 않으셨고, 나 또한 점차 선물이 아닌 퇴근하는 다정한 아빠를 기다리더라고 말씀하셨다.

이 책을 읽고 있는 부모님은 어떠한가? 내 아이에게는 뭐든 다 해 주고 싶고 세상을 다 주어도 아깝지 않은 것이 부모의 마음이다. 그러나 아이가 원하는 것을 다 사 주는 부모는 아이를 잘못된 경제 습관으로 이끌 수 있다. 특히 10세 전후의 아이가 사 달라고 조르는 물건은 큰돈이 들지 않으며, 매달 20만~30만 원 정도면 아이가 원하는 것 대부분을 해 줄 수 있다. 이때 부모가 큰돈이 들지 않으니 괜찮겠지 하는 생각으로 계획 없이 경제적 능력을 함부로 사용한다면, 결국 아이는 경제적으로 독립하지 못하게 된다. 또한, 이러한 상황이 반복되면 참을성과 절제력을 갖추지 못한 사람으로 자라날 수도 있다.

우리 부모는 바쁜 현대 생활로 인해 아이와 함께하는 시간이 많지 않은 것에 대한 미안한 마음에 물질적 보상을 자주 하게 되는데, 반드시 자제해야 한다.

내 아이를 진정으로 사랑한다면 아이가 원하는 모든 것을 사 줄 수 없다는 것을 아이에게 말해 주고, 부모가 진정으로 사랑하는 것을 이야기하며 구체적으로 사랑을 표현해 주는 것이 가장 좋은 방법이다.

경제교육은 습관교육이다. 그렇다면 구체적인 경제습관교육의 시작 연령은 몇 살일까?

경제교육의 시작 연령에 관해서 전문가들은 "아이가 무엇인가를 입으로 가져가지 않을 때부터"라고 말한다. 다시 말하면, 감각활동기를 지나 인지적으로 생각하고 활동할 수 있는 시기가 시작되면 바로 시작하여 일찍부터 습관을 들여야 한다.

인간의 신체적 성장은 단순히 키와 몸무게가 증가하는 것만이 아니며, 일반적으로 새로운 체세포의 생성과 단백질 및 기타 물질이 기존 세포에 더 많이 축적되는 과정을 말한다. 신체의 각 조직과 기관은 각기 다른 비율로 성숙하며, 특히 아동은 매우 복잡한 발달 단계의 변화를 거친다.

아동의 정신적 발달은 태어나서부터 불연속적인 단계로 이루어지는데, 어머니나 주 양육자에 대해 기본적인 감정 의존성과 동일성을 갖고 있던 유아는 경험을 통해 점차 자신을 독립된 개체로서 인식하게 된다. 이는 복잡한 감정의 발달과 더불어 지적 개념의 기본틀을 익히게 되는 것이다.

신체적, 정신적으로 잘 자란 성장기 아동은 마침내 자신의 욕구를 만족시키기 위해 환경을 변화시킬 줄 알게 되고 스스로의 개성을 표현할 수 있게 된다. 따라서 아동은 신체적, 정신적으로 부모 및 주위 사람들과 바람직하게 상호 교류하면서 건전한 사회인으로 자라날 수 있어야 한다.

아동발달이론에서는 태어나서 만 1세까지를 '구강기'라고 한다. 이 시기는 모든 감각이 입 쪽에 몰려 있어 뭐든 손에 잡히면 입으로 가져가는 단계이다. 또한, 감각이 가장 중요하기 때문에 '감각운동기'라고도 부른다. 구강기감각운동기가 지나면 감각이 아닌 머리로 생각하고 행동하는 것이 가능한 연령이 된다. 그러므로 구강기가 지난 만 2세 전후를 경제교육의 시작 연령이라고 할 수 있다.

만 2세에서 만 7세까지 아이는 발달 과제로 '자기조절'이 형성된다. 이 시기에는 자기조절 능력과 함께 돈에 대한 조절 능력도 가르쳐야 한다. 부모는 아이에게 원하는 것을 모두 해 줄 수 없다고 말해 주어 절제력을 길러 준다. 그리고 원하는 많은 것 중에 꼭 필요한 것을 잘 선별하여 선택하는 자기조절력을 생활 중에 체험을 통해 익히도록 해 준다. 자기조절력이 형성되는 중요한 시기인 만 2세 전후에 돈에 대한 조절 능력, 즉 경제교육을 시작해야 한다.

03 경제교육은 무엇부터 무엇까지 하면 좋을까요?

어린 시절부터 경제교육을 한다는 것은 천 원, 만 원처럼 돈의 단위를 이해하는 금융교육이 아니다. '돈의 가치'를 가르치는 것, 즉 돈에 대한 가치관과 태도, 습관을 형성하는 것을 말한다.

돈을 왜 벌고, 어떻게 벌까?

돈을 벌면 어떻게 관리하고 어떻게 써야 할까?

돈을 벌어 나만 잘 먹고 잘살면 될까, 아니면 다른 사람도 함께 잘살아야 할까?

이러한 질문을 스스로에게 하면서 경제에 대한 바른 태도를 형성하는 것이 경제교육이므로 어린 시절부터 시작하는 경제교육이 곧 인성교육인 것이다.

어린이 경제교육에는 돈을 버는 것에서 시작해서 효율적으로 관리하고 소비하는 것, 또 돈을 가치 있게 쓰는 사회봉사활동까지 다양한 영역의 교육이 포함된다.

현명한 경제 습관 형성을 위해서는 어떻게 해야 할까?

첫째, 참을성을 가져야 한다. 아이가 효과적으로 돈을 다루는 습관이 형성되기까지는 많은 시간이 걸린다. 그러므로 발달적으로 천천히 기다리면서 습관을 형성해야 함을 이해하고, 조급하게 마음먹지 말고 여유를 갖는다.

둘째, 개개인의 특성을 파악하고 존중한다. 아이는 개개인마다 발달 특성이 다르므로 발전하는 속도와 능력에 개인차가 있다. 마찬가지로 돈에 대한 태도와 관리 능력도 똑같을 수 없다. 다른 친구들과 비교하지 말고 내 아이의 특성을 파악하고 존중한다.

셋째, 가족의 소득과 지출 등을 아이와 함께 의논한다. 아이는 가정 경제를 몰라도 된다고 생각하는 부모가 있는데, 이는 잘못된 생각이다. 아이도 가족

구성원으로서 가계의 경제 상황에 대해서 알고 가계를 위한 장·단기 재정 목표를 세우는 것을 함께하면서 서로 협력하고 격려할 수 있다.

넷째, 일관성을 가진다. 부모와 아이가 함께 경제 원칙을 세우고, 부모가 먼저 솔선수범하여 상황에 따라 수시로 바뀌지 않으며 일관되게 행동하는 모습을 보여 준다.

다섯째, 경제활동에 대해 부모가 직접 모범을 보인다. 아이에게 여러 가지를 말해 주기보다는 부모가 예산 계획을 세우고, 가계부를 적는 모습을 보여 주는 것만으로도 경제교육의 효과를 발휘한다. 학습에 있어서 '모델링', 즉 부모가 직접 행동으로 보여 주는 것이 어린이에게 가장 효과 있는 학습 방법이기 때문이다.

여섯째, 성공의 경험뿐 아니라 실패의 경험도 소중하다. 아이가 움직이고 날아다니는 장난감 광고를 보고 구입한 장난감이 실제로 기대에 훨씬 못 미쳐 실망하게 된다. 속상한 경험이기는 하지만, 광고와 실제가 다르다는 것을 알게 되는 실수와 실패를 통해서도 경제를 배울 수 있다.

일곱째, 부모가 일일이 지시하기보다는 아이 스스로 선택하게 한다. 돈을 벌고 쓰는 행위는 어떻게 보면 재미있고 즐거운 경험이다. 이러한 즐거운 경험을 할 때 부모가 돈의 사용법을 일일이 결정해서 알려 주면 아이는 경제적 행위 자체에 재미를 느끼지 못하고 자신감을 잃게 될 수 있다. 유명한 스포츠 선수나 영화배우가 돈을 엄청나게 벌다가 어느 날 파산 신청을 하고 빈털터리가 되는 안타까운 기사를 본 적이 있다. 이러한 사례는 돈을 버는 것만큼 올바르게 관리하는 것이 더 중요함을 시사한다. **돈은 눈에 보이지만, 그 돈을 어디에 어떻게 쓰는지는 눈에 보이지 않는다. 돈을 관리하는 방법은 배우지 않고는 알 수 없기 때문에 경제습관교육이 필요하다.**

우리는 하루를 보내면서 약 150가지의 크고 작은 선택을 한다. 그 순간의 선택에 따라 미래의 흥망성쇠가 결정되는 경우가 많다. 인생에서 현명한 선택은 정말 중요하다. 이러한 능력은 어릴 때부터 작은 결정이라도 스스로 해 보는 경험을 통해 길러진다. 스스로 한 작은 선택을 통해 성공한 기쁨 또는 실패를 경험함으로써 이후 어른이 되었을 때 큰 결정을 해야 하는 순간에 현명한 성공의 결정을 할 수 있다. 어린 시절 경제교육을 통해 용돈을 어디에 쓰고 어떻게 관리할 것인지를 스스로 결정하며 성공과 실패를 경험하면 현명한 선택을 하는 능력이 자연스럽게 길러질 것이다.

금융교육 위주의 성인의 경제교육과는 달리 어린이를 위한 경제교육은 경제적으로 사고하는 능력을 길러 준다. 또한, 돈에 대한 가치관 형성뿐만 아니라

올바르게 경제활동을 하는 성인으로 성장하기 위해 다양한 분야와 접목하여 교육하는 것이 필요하다. 어린이 경제교육에는 금융교육과 더불어 진로 탐색, 신용교육 등 다양한 분야를 함께 다루는 것이 포함되어야 한다. 또한, 돈을 스스로 관리하는 경험은 독립적인 자아를 형성하는 데 도움을 줄 수 있으므로 결국 인성교육이기도 하다.

어린이 경제교육의 최종 목표는 돈에 대한 가치관과 태도를 잘 형성하는 것, 즉 '바른 경제 습관 형성'이다. 나만 잘 먹고 잘사는 것이 아니라 다른 사람과 더불어 잘 먹고 잘살 수 있는 가치관과 태도를 가르쳐 주는 것이다. **어린 시절 형성된 돈에 대한 바른 태도는 곧 그 사람의 전반적인 사회적 행동과 직결된다. 그러므로 바른 경제 습관을 형성할 수 있는 경제교육의 중요성은 아무리 강조해도 지나치지 않다.**

경제 습관 형성 일곱 가지

❶ 경제 습관 형성에는 시간이 걸리므로 마음의 여유와 참을성을 갖는다.
❷ 아이 개개인의 특성이 다르므로 잘 파악하고 존중한다.
❸ 가족의 소득과 지출 등 경제 상황과 계획을 아이와 함께 의논한다.
❹ 아이와 함께 경제 원칙을 세우고 일관성 있게 행동한다.
❺ 경제활동에 대해 부모가 직접 모범을 보인다.
❻ 성공의 경험뿐 아니라 실패의 경험도 소중하다는 것을 안다.
❼ 부모가 일일이 정해 주지 않고 아이 스스로 선택하게 한다.

04 올바른 투자 습관으로 하는 노후준비

올바른 투자 습관 3원칙

❶ 소득의 일정액을 한다.
❷ 꾸준히 적립식으로 한다.
❸ 바른 상품에 초장기로 투자한다.

해외여행을 하다 보면 미국식 영어를 쓰고 옷차림으로 보아 평범한 중산층으로 보이는 미국인 노부부를 자주 볼 수 있다. 은퇴 후 편안히 해외여행을 다니며 노후를 보낼 수 있는 노인이 세계적으로 얼마나 될까? 우리나라도 매력 있는 여행지여서 경복궁이나 인사동에 가 보면 어렵지 않게 미국인 노부부를 볼 수 있다. 이들은 은퇴 후 어떻게 편안히 세계여행을 다니면서 노후생활을 즐길 수 있을까?

미국에는 401K라 불리는 퇴직연금제도가 있다. 1974년 레이건 대통령은 당시 개인연금제도가 지급 불능에 빠지자 이에 대한 타개책으로 정부 주도하에 401K를 도입했다. 이는 회사와 개인이 봉급의 일정 비율을 정년 때까지 갹출해 투자하는 방식이다. 매달 월급의 일정액을 적립하면 기업에서 그 금액의 일정 부분을 불입해 주고, 이를 우량주에 투자한다.

401K는 근로자와 기업주가 부담하는 적금 금액을 미리 확정한 다음, 일정 한도 내에서 소득공제 등 세제상의 지원을 한다. 그래서 근로자 및 기업주는 일정 한도 내에서 소득공제와 투자수익에 대한 비과세 혜택을 누리는 동시에 연

금을 개인퇴직 계좌에 적립하고, 은퇴 후에는 낮은 소득세율로 인출해서 노후생활을 한다. 세제 혜택도 부여되고 기업이 적립금을 추가로 지원하는 장점 때문에 미국 근로자의 대표적인 노후 보장 수단으로 정착하게 되었다.

우리나라도 퇴직 적립금 제도를 퇴직연금으로 전환하여 중도에 인출하지 않고 퇴사 후에 일시금이나 연금 형식으로 받도록 장려하고 있지만, 회사에서만 적립해 주는 퇴직연금으로는 금액이 적고 우량상품에 투자되는 형식이 거의 없어서 노후생활을 보장하기는 현실적으로 어렵다.

우리나라의 퇴직연금은 대부분 원금보장형 자산에 넣지만, 미국의 퇴직연금 401K는 지수연동형 상품에 투자하고 투자금의 50% 정도는 우량주에 투자한다. 그리고 중도 인출이 굉장히 까다로워서 퇴직 시까지 몇 십 년을 강제로 저축하고 투자하는 시스템으로, 가입한 근로자의 지적 능력이나 투자 실력과는 크게 상관없이 일정액을 적립하기 때문에 올바른 투자 습관으로 자연스럽게 연결된다.

이 제도로 자연스럽게 실행하게 되는 올바른 투자 습관은 다음과 같다. 첫째, 소득의 일정액을 한다. 둘째, 꾸준히 적립식으로 한다. 셋째, 바른 상품에 초장기로 투자한다. **이러한 투자 형식은 국가의 발전과 시간의 흐름을 원동력으로 하여 수동적 관점에서 투자하는 방식이다. 국가 발전에 기대어 꾸준히 투자하다 보면 자신도 모르게 올바른 투자 습관이 형성되는 것이다.**

이처럼 미국인은 본인도 모르게 401K 연금에 가입하고 퇴직 시까지 찾지 않는 장기투자를 하게 된다. 이러한 제도는 주식시장의 초장기 수익률과 적립식 투자의 안정성, 글로벌 경제의 발전 가능성 등의 요소에 소득의 일정액을 불입하여 소득이 자연스럽게 늘어나게 한다. **주식이라는 것은 회사의 성장과 함께 회사의 가치가 오르는 것과 우량주에 투자하여 나보다 회사를 잘 운영하는 사람들이 키우는 회사의 이익을 공유하는 개념이다. 회사가 성장하려면 다양한 요소가 결합되고 장시간이 필요하다. 그러나 단기적인 큰 이익을 위해 회사의**

성장과는 상관없이 그리고 경제에 대해 공부하지 않고 과장된 소문을 믿고 베팅하는 행태는 투자가 아니라 도박이라고 할 수 있다.

401K 제도가 없는 우리나라에서는 어떻게 적용하여 미래에 대비하면 좋을까? 장기적으로 망하지 않을 우량한 국가의 지수연동 상품에 장기로 투자하면 어느 정도의 노후를 준비할 수 있다. 단, 반드시 **꾸준하게, 적립식으로, 중도 인출 없이, 월정액으로 계속 우량주를 매수하고, 월급의 일정액을 무조건 불입하는 바른 투자 습관이 필수이다.** 이렇게 하면 재벌 같은 삶이나 조기은퇴까지는 보장 못 하지만 불안하지 않은 노후는 보장된다. 수동적이지만 꾸준한 방법으로 미국의 은퇴 노인처럼 노후를 대비해 보면 좋겠다.

미래를 위한 투자의 세계에서는 시간의 흐름에 기대어 기다리는 것이 정말 중요하다. 어른의 노후준비에 비해 시간이 많은 어린이는 일찍부터 올바른 투자 습관을 길러 미래에 대비하는 것이 성공의 지름길이다.

잠깐! 경제 용어

401K

미국의 확정기여형(DC) 기업연금제도이다. 401K란 명칭은 미국의 '근로자 퇴직소득 보장법' 401조 K항에 규정되어 있기 때문에 붙여진 것이다. 매달 일정액의 퇴직금을 회사와 개인이 일정 비율로 적립하면 근로자가 이를 운용해 스스로의 투자 결과에 책임지는 확정기여형 퇴직연금이다.

이 플랜에 가입하면 회사와 개인이 봉급의 일정 비율을 정년 때까지 갹출해 개인이 직접 투자상품을 골라 노후를 대비하게 된다. 즉, 회사가 매년 연봉의 12분의 1 이상을 근로자의 개별 계좌에 적립하면, 근로자는 은행 · 보험 · 증권사 등 금융사에 운용 방법을 지시하는 방식으로 이뤄진다. 특히 연금 적립 금액이 개개인의 퇴직 계좌에 적립되어 운용 성과에 따라 받을 수 있는 연금액이 달라지는 것이 가장 큰 특징이다. 401K 플랜으로 조성된 자산은 주식, 채권, 보험상품 등 20여 개 이상의 포트폴리오 옵션 등 다양한 형태로 운영된다.

이 제도는 근로자와 기업주가 부담하는 적립 금액을 미리 확정지은 다음, 일정 한도 내에서 소득공제 등 세제상의 지원을 하게 되어 있다. 따라서 근로자와 기업주는 일정 한도 내에서 소득공제와 투자수익에 대한 비과세 혜택을 누리면서 연금을 개인 퇴직 계좌에 적립하고, 은퇴 후에는 낮은 소득세율로 인출이 가능하게 된다. 이 제도는 개인과 기업 모두에 세제 혜택을 부여하며, 기업은 적립금을 추가로 지원하는 장점 때문에 현재 미국 근로자의 대표적인 노후 보장 수단으로 정착되었다.

한편 사망 · 상해 퇴직 등의 규정 조건에 해당하지 않을 때는 원칙적으로 중도 인출을 제한한다. 401K는 2009년부터 오바마 정부가 자동 가입으로 제도를 바꾸면서 가입이 급증했다.

CHAPTER 3

내 아이 부자 만들기 프로젝트 실전

01 나도 돈을 벌 수 있어요: 수입

02 돈을 잘 관리할 수 있어요: 관리

03 미래를 준비해요: 투자

04 합리적으로 써요: 소비

05 좋은 부자가 되어요: 나눔

CHAPTER 3

내 아이 부자 만들기 프로젝트 실전

01 나도 돈을 벌 수 있어요: 수입

1) 경제교육의 시작 '용돈'

아동발달이론 중에 '구체적 조작기'라는 시기가 있다. 대략 만 5~12세 사이로 유아기에서 초등시기까지이다. 이 단계의 아이는 초보적이기는 하지만, 논리적 사고가 가능하다. 그러나 구체적인 사물이나 자신이 경험한 것에 대해서만 논리적 사고가 가능하기 때문에 '구체적 조작기'라고 부른다. 다시 말하면, 눈에 보이는 구체적인 것에는 논리적인 사고가 가능하고, 눈에 보이지 않는 추상적인 것에 대해서는 논리적으로 사고하기가 어렵다는 것이다.

예를 들어, 이 시기의 아이가 수학을 어려워하고 싫어하는 이유는 수학이 구체적이지 않은 추상적인 논리를 다루는 과목이기 때문이다. 그러므로 '구체적 조작기'의 아이에게 수학을 쉽게 가르치려면 눈에 보이는 구체적인 것을 통해서 설명해 주면 된다. 경제와 관련된 개념도 수학처럼 눈에 보이지 않는 추상적인 것이 많다. 가격, 금융, 투자, 효용 등 개념의 대부분이 추상적이다. 그래서 아이는 물론이고 어른이 된 우리도 경제 관련 개념을 어렵게 느낀다. 이것이 생활 속에서 체험을 통해 경제교육을 일찍 시작해야 하는 이유이다.

구체적 조작기의 아동이 눈에 보이는 용돈으로 구체적으로 예산을 세우고, 소비하고, 저축하고, 관리하는 경험을 통해 경제 습관을 제대로 익히고 나면, 이후에는 눈에 보이지 않은 경제학의 추상적인 지식이나 개념도 쉽게 이해할 수 있다. 왜냐하면, 어떤 분야건 근본 원리는 같아서 기본 개념을 익히면 복잡한 개념으로 접근하는 것이 쉬워지기 때문이다.

경제 습관을 익히는 구체적인 방법은 아이가 직접 돈을 벌어 보고, 저축해 보고, 투자해 보는 경험을 체험하게 하는 것이다.

어른은 노동을 통해 월급을 받거나 돈을 번다.

한편, 아이에게 있어 돈을 버는 방법은 바로 용돈이다. 아이는 용돈을 받고 소비를 위한 예산을 세워 볼 수 있다. 저축의 즐거움을 경험하고 돈을 잘못 사용하면 어떤 문제가 일어나는지 체험하는 기회도 얻을 수 있다. 이처럼 아이는 용돈을 활용하여 적은 금액으로 다양한 경제적 경험을 하게 된다. 용돈을 통해서 성인이 되기 전에 미리 구체적으로 경험하는 기회는 똑똑한 경제인이 되는 첫걸음이다.

그러면 언제부터 용돈을 주기 시작하면 좋을까?

용돈을 주기 시작하는 나이는 아이가 동전과 지폐를 구분하는 때부터라고 생각하면 된다. 10,000원짜리 지폐와 500원짜리 동전의 가치가 다름을 구별하고, 그것으로 자신이 살 수 있는 물건의 가치가 다름을 이해하는 때부터 용돈을 지급하면 되는데, 대체로 만 4~5세 정도이다.

용돈의 규모를 부모가 일방적으로 결정하는 것은 선택의 기회를 박탈하는 것이므로 아이와 함께 목록을 작성하고 상응하는 가격을 모두 합해서 아이의 입장에서 규모를 정하는 것이 좋다. 부모는 용돈을 지급함으로써 아이에게 자신이 이용 가능한 자원이 한정됨을 가르칠 수 있고, 아이는 용돈을 사용함으로써 스스로 선택한 행동에 대해 책임감을 느끼게 된다.

부모는 용돈을 지급할 때 다음과 같은 원칙을 지키는 것이 좋다.

첫째, 용돈은 반드시 규칙적으로 준다. 용돈을 규칙적으로 지급해야 아이는 규칙적으로 예산을 세우고 예산에 맞추어서 사용하는 습관을 들일 수 있다. 부모의 손을 떠나 아이의 손으로 넘어간 용돈은 그때부터 아이의 것이므로 아이가 부모의 가치관에 반하는 행동이나 구입을 하더라도 어느 정도 용납해 주어야 한다.

둘째, 스스로 해야 할 일과 용돈을 연관하지 않는다. 아이의 방 청소나 침구 정리처럼 원래 자신이 해야 할 일에는 보상하지 않는다. 이것은 아이 스스로 익혀 나가야 할 기본 생활 습관이기 때문이다. 어른의 사회에서도 본인 주변 정리 등에는 대가를 지급하지 않는다. 이처럼 아이가 스스로 익혀야 할 기본 생활 습관을 용돈과 연관 지어 보상을 바라는 습관을 들이지 않도록 주의한다.

셋째, 돈에 대한 신뢰를 갖게 한다. 용돈으로 지급된 돈은 부모의 돈이 아니라 아이의 돈인 것처럼, 명절이나 방문에 친지들로부터 받은 세뱃돈이나 용돈도 아이의 것이다. 용돈 외의 수입이 생길 경우에는 지출을 자제하게 하고, 아이 명의의 통장을 만들어서 스스로 저금하게 해 주는 것이 좋다. 그렇지 않고 부모가 가져가거나 맡아 둔다고 하면, 아이한테는 돈이 생기면 빼앗기기 전에 무조건 써 버리게 되는 습관이 생길 수 있다.

넷째, 용돈을 수시로 주지 않는다. 예를 들면, 용돈 지급일이 아닌데 부모가 기분이 좋다는 이유로 아이에게 수시로 용돈을 주기도 한다. 이러한 상황이 반복되면 아이는 애교를 부려서 용돈을 받으려고 하거나 협상하려는 경향을 보이게 된다. 이렇게 되면 그동안 용돈에 대한 예산을 수립하고 저축하며 투자하는 일련의 계획과 습관이 의미가 없어지기 때문에 경제 습관을 들이기가 어려워진다. 아이에게는 얼마든지 주어도 아깝지 않지만, 경제교육을 위해서는 수시로 용돈을 주는 것을 자제하는 것이 좋다. 아이에게 상을 주고 싶을 때는 금전적인 보상보다는 행동 자체를 구체적으로 칭찬해 준다. 특히 엄마, 아빠가 아이와 함께 놀아 주고 시간을 보내는 것이 아이에게는 가장 큰 보상이 된다.

경제교육의 시작! 용돈 지급의 4원칙

❶ 용돈은 반드시 규칙적으로 준다.
❷ 스스로 해야 하는 기본 생활 습관과 용돈을 연관시키지 않는다.
❸ 아이의 돈은 아이가 스스로 사용해서 돈에 대한 신뢰를 갖게 한다.
❹ 용돈을 수시로 주지 않는다.

2) 용돈을 활용한 경제 습관 들이기는 언제부터 언제까지?

수민이 이야기

저는 수민이에요.

오늘은 제가 가장 좋아하는 이모가 오시는 날입니다.

이모의 친구들은 이모를 '조카 바보'라고 해요.

조카인 저를 너무 예뻐하고 무엇이든 다 해 주고 싶어 하시기 때문이에요.

이모는 늘 제가 가장 좋아하는 장난감을 사 오시고 용돈도 주세요.

오늘은 무슨 장난감을 사 오실까요?

딩동! 벨이 울리고 현관문을 여니 움직이는 강아지 인형을 들고 있는 이모가 계셨어요.

"와! 신난다! 이모, 이모, 강아지 데리고 놀이터에 가요."

"그래, 그래!"

이모랑 강아지 인형이랑 놀이터에서 신나게 놀았더니 이모가 집에 갈 시간이 되었어요. 이모는 맛있는 것을 사 먹으라고 제게 10,000원을 주고 가셨어요.

이 돈으로 마트에 가면 맛있는 아이스크림이랑 과자도 사 먹을 수 있어요.

신나게 마트에 갔는데 옆집 사는 수영 언니를 만났어요.

수영 언니는 나에게 자주 장난치고 놀리기도 하지만, 나랑 잘 놀아 주는 상냥한 언니예요.

수영 언니가 500원을 주면서 제가 가지고 있는 10,00C원이랑 바꾸자고 해요.

흥! 전 절대 바꾸지 않아요.

잘 모르지만, 500원으로는 아이스크림을 사 먹을 수 없고 10,000원으로는 아이스크림을 많이 사 먹을 수 있거든요.

하지만, 왜 그런지는 잘 모르겠어요. 그래도 10,000원으로 아이스크림을 많이 사 먹을 수 있으니 수영 언니의 500원이랑은 바꾸지 않을 거예요.

앞의 글에서 귀여운 수민이는 이제 조금씩 경제관념을 이해하기 시작했다. 왜냐하면 10,000원과 500원의 가치가 다름을 이해하고 있고, 그 돈을 가지고 마트에 가면 맛있는 것과 갖고 싶은 것을 살 수 있음을 알고 있기 때문이다. 아이가 이러한 특징을 보이면 이때부터 용돈을 주기 시작하면 된다.

아이마다 조금씩 발달에 개인차가 있지만, 대체로 만 4~5세가 되면 이 정도의 경제적 관념이 발달하게 된다. 이 시기부터 용돈 지급을 시작하면, 초등학교 고학년 정도에 경제 습관이 완성된다고 볼 수 있다. 초등시기가 경제 습관을 구체적으로 완성하기 좋은 이유를 아동 발달 측면에서 살펴보자.

유아기에서 초등시기인 '구체적 조작기'가 지나면 '형식적 조작기'라는 단계가 온다. 형식적 조작기에는 '사춘기'가 시작된다. 사춘기는 반항적이거나 냉소적인 것이 특징이다. 초등시기에는 사춘기의 특징이 전면으로 나타나지 않으므로 부모의 말을 무시하거나 거부하는 일이 거의 없다. 초등시기 이후에 아이

는 이미 어떤 형태든 경제 습관과 태도를 어느 정도 지니게 되어서 경제적 습관을 새로 들이기 다소 힘들 수 있다.

습관 들이기는 되도록 일찍 시작하여 처음에 좋은 습관을 들이는 것이 중요하다. 적절한 시기를 놓쳐서 이후에 아이가 잘못된 습관을 보일 때는 그것을 바로잡기 힘들기 때문이다. 물론 적절한 시기를 놓쳤다고 해서 바로잡는 것이 불가능한 것은 아니지만, 한 번 형성된 습관을 바꾸려면 더 많은 시간과 노력이 필요하다. 가능한 한 어린 시기에 좋은 경제 습관 들이기를 시작하여 바른 경제 습관을 체화하는 것이 좋다.

그렇다면 초등시기가 지나서도 내 아이가 잘못된 경제 습관을 갖고 있으면 어떻게 할까? **좋은 경제 습관을 들이는 가장 적기는 유아기에서 초등시기이지만, 잘못된 습관이 성인기까지 굳어지기 전에 좋은 습관으로 바꾸면 된다. 부모가 일방적으로 결정하고 통보하지 않고 아이와 대화하고 협상하면서 서서히 고쳐 나가면 된다.** 용돈은 아이 마음대로 쓰라고 주는 것이 아니라 똑똑한 경제 습관을 들이는 도구이므로 용돈을 정기적으로 지급하고 어떻게 관리하는지 살피고 조언해 주면서 좋은 경제 습관을 들이면 된다.

아동발달 Tip

사춘기 아이와의 대화, 어렵지 않아요

귀엽고 사랑스럽기만 했던 아이가 말대꾸하고 부모와 대화하지 않으려고 하면 사춘기에 접어든 것이다. 사춘기는 자아정체성을 형성하는 시기이므로 반항하고 독립하려는 자녀의 모습이 당연한 것임을 알지만, 부모로서는 당황스럽고 어찌해야 할지 몰라 난감하다. 사춘기 자녀와 대화할 때 이렇게 하면 좋다.

첫째, 명령 대신 타협하기

사춘기에는 자신만의 생각과 주관이 확고해지기 시작하므로 일방적인 명령이나 통보는 반항심을 불러일으켜서 대화를 점점 어렵게 할 수 있다. 명령하지 않고 "그건 어려우니 이렇게 해 보는 건 어때?"라는 식으로 타협을 하면 아이는 자신의 생각을 존중받는다는 느낌을 받아 대화가 잘 된다.

둘째, 야단치는 대신 공감하기

사춘기 아이는 독립적이고 강한 아이로 성장하기 위해 반항하고 방황한다. 이런 모습을 보일 때 부모는 한발 뒤로 물러서서 적당한 자유를 허락해 주는 것이 좋다. 왜냐하면, 사춘기의 반항과 방황은 독립적으로 성장하기 위한 진통이기 때문이다. 자녀의 반항과 방황에 계속 간섭하고 문제를 해결해 주려고 하면, 아이는 스스로 해결하는 경험을 해 보지 못해서 정신적으로 성숙할 기회를 놓치게 된다. 적당한 자유를 허락해 주면서 한발 뒤에서 응원하고 공감해 주면 아이 스스로 사춘기를 슬기롭게 헤쳐나가면서 몸도 마음도 건강한 성인으로 자라난다.

유아기에서 초등시기 사이에 좋지 않은 습관이 자리 잡혔다면, 응원과 공감하는 대화를 통해 잘못된 습관이 굳어지기 전에 좋은 습관으로 바꾸도록 한다.

3) 용돈의 규모와 범위는 어떻게 할까요?

자! 이제 아이에게 용돈을 정하고 용돈 지급을 시작하려고 한다. 그런데 막상 용돈을 주려고 하니 얼마를 주고, 어디까지 용돈으로 해결하고, 어디까지 부모가 해결해 주어야 할지 난감하다. 이럴 때는 다음의 방법으로 아이와 함께 협의하여 결정한다.

첫째, 아이와 함께 아이에게 드는 비용을 모두 뽑아 보고 범위를 정한다. 예를 들면, 식비, 군것질, 의류, 장난감, 책, 학용품, 학교 준비물, 교통비, 친구 생일선물 값, 레저비, 사교육비, 광열비, 보험료 등이 있다. 이렇게 뽑아 보면 아이도 본인에게 들어가는 비용이 상당히 많다는 것을 알게 된다. 이 중에서 생

활비, 학비, 사교육비 등 금액이 크고 중요한 부분은 부모가 맡는다. 그리고 간식, 학용품, 친구 생일선물 비용 정도를 아이의 용돈으로 처리하게 한다.

둘째, 일주일에 어느 정도 쓸지 협의한다. 똑똑한 경제 습관을 들이려면 용돈은 지금 당장의 소비만을 생각하기보다는 미래를 위해 저축하는 경험도 필요하다. 예를 들어, 사고 싶은 비싼 물건이 있을 때 부모가 사 주기보다는 용돈의 일부를 저금하여 나중에 스스로 비싼 물건을 사 보는 경험을 통해 성취감을 느낄 수 있다. 그래서 당장 소비할 돈과 저축할 금액 등을 협의하여서 용돈의 규모를 결정한다.

셋째, 용돈은 약간 빠듯하게 주는 것이 좋다. 즉, 이것을 사면 저것을 사지 못하는 상황을 만들어 주어야 한다. 이를 경제학에서는 트레이드오프trade-off라 하며, 우리말로는 '상충 관계'로, 어느 것을 얻으려면 반드시 다른 것을 희생해야 하는 경제 관계를 말한다. 이러한 상황을 잘 극복하고 길들여진 아이는 합리적인 선택을 할 수 있는 능력이 향상된다.

그렇다면 빠듯한 금액은 어느 정도일까? 초등학교 저학년인 1~3학년의 경우는 매주 자기 학년에 2,000원을 곱한 금액, 고학년인 4~6학년의 경우는 매주 자기 학년에 1,500원을 곱한 금액 정도가 적당하다.

| 표 1 | 주별 적정 용돈 계산하기

학년	일주일 용돈 계산	금액
저학년 (1~3학년)	1학년 × 2,000원	2,000원
	2학년 × 2,000원	4,000원
	3학년 × 2,000원	6,000원
고학년 (4~6학년)	4학년 × 1,500원	6,000원
	5학년 × 1,500원	7,500원
	6학년 × 1,500원	9,000원

이 연령을 기준으로 더 적거나 많은 연령을 가감하면 된다. 아이의 사용처의 범위에 따라 용돈 금액이 달라지겠지만, 이 정도 금액이면 용돈을 관리하는 훈련을 하기에 적절하다.

용돈의 규모와 범위를 정하는 방법

❶ 아이와 함께 아이에게 드는 모든 비용을 뽑아 보고 용돈의 범위를 정한다.
❷ 일주일에 어느 정도 쓰고, 저축할지를 협의한다.
❸ 용돈 금액을 약간 빠듯하게 해서 '상충 관계' 상황을 만들어 준다.

4) 은행은 공짜로 돈을 주는 곳이 아니란다

나라의 이야기

저는 올해 다섯 살인 나라입니다.
오늘은 아주 많이 신나는 날이에요.
엄마랑 아빠가 장난감 가게에서 제가 좋아하는 장난감을 사 준다고 하셨거든요.
장난감 가게에 가기 전에 엄마는 은행에 들려 카드 기계에서 돈을 찾으셨어요.
카드 기계는 정말 고마운 기계예요.
엄마가 카드를 넣으면 '찰칵' 하고 돈을 주니까요.
우리 집에도 카드 기계가 있으면 좋겠어요.

드디어 장난감 가게에 도착했어요.

예쁜 장난감도 많고 재밌는 장난감도 많아서 저는 매우 신이 났답니다.

"와! 엄마, 이 곰돌이 장난감도 사 주고, 자동차도 책도 모두 다 사 주세요."

"나라야, 그렇게 돈을 많이 쓰면 돈이 없어져서 안 돼요. 가게 오기 전에 약속한 대로 가장 갖고 싶은 것 한 가지만 사자."

엄마와 아빠는 돈을 많이 쓰면 안 된다고 하시며, 약속한 대로 한 가지만 고르라고 하세요.

저는 화가 나고 울음이 나왔지만, 엄마랑 아빠가 모두 그렇게 말씀하시니 화를 내지 않고 꾹 참았어요.

엄마, 아빠는 이상해요.

은행에 가서 카드 기계에서 돈을 찾으면 되는데, 왜 돈을 많이 쓰면 돈이 없어진다고 하면서 장난감을 하나만 고르라고 하는 거죠?

앞의 사례 내용은 5세 전후의 아이를 둔 부모라면 한 번쯤 경험했을 것이다. 아이의 눈으로 볼 때는 분명 엄마, 아빠가 은행 카드 기계에서 돈을 찾아 마트에 가서 물건을 사면서 돈을 함부로 쓰면 안 되며, 돈은 그렇게 많이 생기는 것이 아니라고 하니 이해되지 않고 이상하다는 생각이 드는 것은 당연한 일이다.

'구체적 조작기'의 아이는 본인이 눈으로 보고 경험한 것이 아니면 없는 것이라고 여기는 발달 특성으로 인해 보이지 않는 부모의 수입 경로나 통장에서 돈이 빠져나가는 것을 인식하지 못한다. 눈에 보이는 대로 카드 기계에서 돈이 나오는 것만 생각하게 된다. 부모가 일해서 통장에 돈을 넣어 두어야 찾을 수 있다는 것은 좀 더 발달해야 이해할 수 있다. 이해를 못 하더라도 경제교육을 해야 하니 구체적인 실물을 보여 주는 것이 좋다. 예를 들면, 카드결제를 하면

오는 문자메시지를 보여 주거나 실물 통장을 보여 준다.

만 3~4세 정도의 아이는 '0'이 아무것도 없다는 것을 안다. 통장에 잔고가 '0'인 것을 보여 주고, 통장내역이 '0'이 되지 않는 것은 엄마, 아빠가 열심히 일해서 그 대가로 받은 돈이 통장에 들어오는 것임을 설명해 준다. 또는 은행에서 현금을 인출한 뒤에 명세표나 정리된 통장을 보여 주면서 잔액이 줄어드는 것을 아이가 직접 눈으로 확인하게 한다.

다른 방법으로는 시중 은행이나 금융기관에서 시행하는 프로그램을 활용할 수 있다. 은행에서는 미래의 고객인 어린이, 청소년을 위해서 관련 상품을 만들어 판매하고, '금융교육센터'를 운영하면서 금융교육도 하고 있다.

아이와 함께 은행을 방문하여 아이의 통장을 만들어 통장을 보여 주는 방법도 좋고, 은행에서 운영하는 금융교육센터나 금융박물관을 방문해서 아이들 눈높이에 맞춘 다양한 금융 체험을 해 보는 것도 아이에게 좋은 경험이 된다. 경제 체험을 해 볼 수 있는 견학지는 제5장에서 자세히 소개하였다.

아이는 직접 보고 돈을 버는 것에 대해 설명을 듣고 경제 체험을 통해 돈의 가치를 좀 더 구체적으로 이해하게 된다. 엄마, 아빠가 직장에 가서 일해서 돈을 버는 이유가 우리 가족이 먹고 입고 생활하기 위해서 그리고 미래에 대비하여 저축하기 위해서라는 것을 알게 된다. **유아는 발달 특성상 자신이 교육기관에 있는 시간에 부모님은 나와 함께 있지 않고 직장에 놀러 갔다고 생각하는 경우가 있다. 직접적인 경제 체험을 통해 부모가 직장에 놀러 가는 것이 아니라 열심히 일해서 번 돈을 나와 가족을 위해 저축하고 사용하는 것을 알게 되면, 부모에게 감사하는 마음과 돈을 귀하게 여기는 마음도 생기게 된다.**

5) 아이가 일을 도왔어요. 용돈을 지급해야 할까요?

미국의 초등학교 게시판에는 일거리를 찾는 메모가 많이 붙어 있다. 예를 들면, '눈 치우기 싸게 해드립니다', '강아지 산책시켜 드립니다' 등이다. 공개적으로 학교에서 일거리를 찾는 모습은 우리나라 정서에는 낯설게 느껴진다.

만약 우리나라의 학교에 이런 게시판이 있다면 어떠할까? 한국금융위원회에서는 2020년부터 학교 정규교육과정에 금융교육을 편성하려고 준비 중이었으며, 2020년 5월에 금융교육협의회에서 '금융교육 개선 기본 방향'을 의결하는 등 활발한 움직임이 있었다. 머지않아 학교 게시판에서 일거리를 찾는 메모를 볼 수 있을 것이다. 아직 우리 문화에서는 학교나 사회에서 어린이가 일을 해서 용돈을 벌기가 쉽지 않다. 그 대신 가정에서 할 수 있는 일을 찾아 자연스럽게 경제교육도 하고 성취감도 느껴 보면 좋다.

아이가 경제 습관을 들이는 과정에서 스스로 돈을 벌어 보는 것은 좋은 경험이다. 그러나 기본 생활 습관과 관련된 것과 가정에서 용돈을 버는 노동을 구분해야 한다. 스스로 해야 할 일에 대해 돈을 받게 되면 모든 행동을 할 때마다 돈을 바라는 아이가 될 수 있으므로 주의한다. 아이가 한 행동에 대가를 지불해야 하는 것과 지불하지 말아야 하는 것을 구별해야 한다.

(1) 아이에게 대가를 지급해야 할 일

아이가 한 일에 대해서 대가를 지급할 때는 두 가지 원칙이 있다.

첫째, 아이의 의무가 아닌 일이어야 한다. 명함 정리하기, 신문 스크랩하기, 구두 닦기와 같은 일을 만들어서 아이가 하면 대가를 지급하면 된다. 초등학

생 정도면 컴퓨터를 다룰 줄 아니 부모가 받은 명함을 정리해서 데이터베이스화하는 일을 시키고 대가를 주면 좋은 거래가 될 수 있다. 명함에 적힌 세상의 다양한 직업도 알게 되고, 한자나 영어로 된 명함을 정리하면 생활 속에서 자연스럽게 언어 공부를 할 수 있다. 좀 더 어린 아이는 구두 닦기와 같이 간단한 일을 시키고, 대가를 지불하는 방법이 알맞다.

둘째, 사회에서 지급하는 대가만큼 준다. 일에 대한 대가를 사회의 기준에 맞추어 지급해 주면, 아이는 그 일이 얼마만큼 값어치가 있는지 알게 되며, 노동에 대한 정당한 대가의 정도도 습득하게 된다.

예를 들면, 신문 스크랩이나 구두 닦기와 같이 단순하고 일회성인 일은 100원, 명함을 스크랩해서 데이터베이스화하는 일과 같이 시간과 노력이 많이 드는 일은 시간당 3,000원 정도로 책정한다. 대가는 그때마다 푼돈으로 주기보다는 일주일 치를 모아서 주는 방법이 더 좋다.

또한, 아이가 자신이 한 일을 '청구서' 형식으로 기록해서 제출하게 하면, 노동에 대한 정당한 대가를 산출하고 요구할 줄 아는 경험을 교육할 수 있다. 이 경험이 쌓이면 스스로 일을 찾아내어 부모와 협상하기도 한다. 이러한 경험이 어린이 시기에 맞는 자기 표현 능력과 리더십 교육이다.

(2) 아이에게 대가를 지불하지 말아야 할 일

아이가 커 가면서 스스로 해야 할 기본 생활 습관에는 대가를 지불하지 말아야 한다. 예를 들어, '잠자리 스스로 펴고 정돈하기', '식사 후에 자기 그릇 치우기', '어른이나 손님에게 인사하기' 등은 마땅히 해야 할 **기본 생활 습관이므로 대가를 지불하면 안 된다.** 또한, 가족을 위해서 집안일이나 심부름을 했을 때도 대가를 지불하면 안 된다.

기본 생활 습관, 가족을 위한 집안일, 심부름 등을 했을 때는 경제적인 보상이 아니라 정서적인 보상이 주어져야 한다. 정서적 보상의 가장 대표적인 것이 구체적으로 칭찬해 주는 것이다. 칭찬할 때는 '예쁘다', '멋지다'라는 말보다는 '행위'에 대해서 구체적으로 칭찬해 주는 것이 좋다.

"스스로 이불을 펴고, 정리도 하니 방도 깨끗하고 참 좋네!"
"컴퓨터 게임을 어제보다 조금만 하니 엄마, 아빠랑 얘기도 하고 좋다!"

특히 성적에 따라 용돈을 올리거나 내리는 것은 절대 하지 말아야 한다. 성적이 떨어졌다고 용돈을 깎으면 아이가 벌을 받는 것으로 여기게 되어 자신감을 잃거나 반항심을 불러일으켜 좋은 습관을 들이는 것을 방해한다.

이제까지 언급한 대가를 지불하면 좋은 것과 지불하면 안 되는 행동을 꼭 기억해서 가정에서 실천해 보기를 바란다. 이러한 경제습관교육을 통해서 아이가 합리적인 성인으로 자라나기를 기대해 본다.

대가를 지불해야 할 경우와 지불하지 말아야 할 경우

❶ 대가를 지불해야 할 경우
- 아이의 의무가 아닌 일: 명함 정리하기, 신문 스크랩하기, 구두 닦기 등
- 대가는 사회에서 지불하는 만큼 자신의 한 일의 사회적 가치를 알 수 있음

❷ 대가를 지불하지 말아야 할 경우
- 스스로 해야 할 일: 잠자리 펴고 정돈하기, 식사 후 자기 그릇 치우기 등
- 성적 관리 등
- 대가를 지불하지 말고 행동에 대해 구체적으로 칭찬해 주기

아동발달 Tip

좋은 정서적 보상 '칭찬'

칭찬은 '착하다, 예쁘다'처럼 범위가 넓은 말보다 사실을 정확하고 구체적으로 말하고, 아이가 노력한 과정을 칭찬해 주는 것이 좋다.

"숙제를 참 정성들여 열심히 하네."
"이해하기 어려웠을 텐데 포기하지 않았구나."
"○○가 열심히 공부해서 좋은 결과를 받으니까 엄마도 기분이 참 좋다."

이처럼 구체적으로 칭찬해 주면 아이는 본인의 행동에 대한 방향을 잡을 수 있다. '착하다'라는 구체적이지 않은 칭찬을 들은 아이는 어떻게 해야 착한 아이가 되는지 모르기 때문에 자신의 행동 방향을 결정하기 어렵다. 일어난 사실을 있는 그대로 말해도 충분히 좋은 칭찬이다. 아이의 노력에 대해 구체적으로 칭찬하면, 아이는 노력하는 과정에 집중할 수 있고 스스로 되돌아보며 자신을 격려할 수 있는 힘을 얻게 된다.

02 돈을 잘 관리할 수 있어요: 관리

1) 용돈 관리는 어떻게 할까요?

어르신들은 농사지으면서 땅 팔고, 소 팔아서 자식들 공부시키고 대학에 보냈다는 말씀들을 하신다. 부모 자신은 농사지으며 고생하였지만, 자식은 공부를 해서 고생하지 않고 편히 살았으면 하는 마음이다.

간혹 각고의 노력으로 부모가 부자가 되었는데, 자식이 그 부를 이어 가지 못하는 경우가 있다. 왜 그러한 일이 생길까? 부모 자신은 고생했지만, 가난을 물려주고 싶지 않고 고생시키고 싶지 않아 풍족하고 부족한 것 없이 자녀를 키운다. 자녀가 원하면 고가의 물건과 고급 자동차를 쉽게 사 주기도 한다. 그리고 자녀는 어떠한 경제적인 노력이나 경험 없이 부를 이어받는다. 이러한 환경에서 성장한 사람은 돈을 벌거나 관리하는 훈련을 받아 본 경험이 없어 부모가 일구어놓은 재산을 파산하고도 무엇이 문제인지를 모르기도 한다. 그러므로 부모는 자녀에게 모든 것을 쉽게 주기보다는 적당한 용돈을 주어 어릴 때부터 스스로 돈을 관리하는 방법을 알게 하고 습관화해 주어야 한다. 이것이 부모 세대에 이어 자녀 세대에도 부를 풍족하게 유지하는 비결이다.

금융관리의 처음인 용돈 관리는 구체적으로 어떻게 하는 것이 좋을까? 돈은 나만 잘 먹고 잘살려고 하는 것이 아니라 나와 다른 사람이 함께 잘 먹고 잘살 수 있도록 도와주는 것이라는 가치관과 태도를 가르쳐 주는 것이 중요하다. 세상은 혼자 살아갈 수 없고 돈에는 생명이 있기 때문이다. 찰스 디킨스의 소설 『크리스마스 캐럴』의 스크루지 이야기처럼 부는 일시적으로 왔다가 돈에 대해 좋은 가치관이 있는 사람에게로 건너간다.

아이의 용돈 관리 비율도 어른과 마찬가지로 한다. 수입 전체에서 소비 30%, 저축 30%, 투자 30%, 기부 10%의 비율로 계획하고 관리한다. 돈의 관리를 위해서 비율을 나눌 때는 몇 가지 원칙을 따른다.

첫째, 각각의 용도에 맞는 봉투나 저금통을 마련한다. 돈의 관리를 위해 비율을 나눌 때 한 곳에 돈을 모아 놓으면 나누어진 것이 구체적으로 보이지 않아서 어느 순간 비율을 나눈 것이 무의미해지고 효율적으로 관리하기 어렵다. 그러므로 소비, 저축, 투자, 기부의 네 가지 항목별로 각각의 봉투나 통을 준비하여 분리해서 돈을 넣어서 관리한다.

둘째, 당장 꼭 필요한 것과 꼭 필요하지는 않지만 갖고 싶은 것을 분류한다. 지금 당장 필요한 것은 '소비' 항목에, 당장은 아니지만 돈을 모아서 사고 싶은 것은 '저축' 항목에 분류한다. '투자' 항목에는 더 먼 미래를 준비하기 위해, 예를 들어 오랫동안 모아서 어학연수를 하러 가거나 해외여행을 하는 것 등을 위

해 돈을 넣어 둔다. '기부'는 정해진 비율을 떼고 나서 사용할 시기를 정한다. 바로 기부하거나 돈을 모아서 나중에 기부해도 좋고, 봉사활동을 할 때 사용하여도 된다.

셋째, 용돈의 사용처는 아이와 협의한다. 항목별로 용돈을 떼어서 분류할 때 아이와 충분히 협의하여 그 의사대로 진행한다. 부모가 임의로 사용처를 정해주지 않는 것이 중요하다. 혹여 아이가 사용처를 잘못 분류하여 용돈 사용에 오류가 생겨도 그러한 경험을 통해서 배우게 되는 것이므로 아이 스스로 해 보면서 수정해 나가는 모습을 지켜봐 주고 아이가 도움을 요청할 때 도와준다.

넷째, 용돈이 부족할 때는 집에서 하는 아르바이트를 통해서 돈의 가치를 알게 해 준다. 이때 숙제하기, 문제 풀기 등 본인이 해야 할 일에는 대가를 지불하지 않고, 명함 정리나 공과금 정리 등 가족 전체의 이익과 부합되는 것에만 지급한다. 홈 아르바이트는 자발적으로 이루어져야 하므로 아이에게 일거리나 용돈 지급 내역 등을 충분히 설명하고 함께 협의하여 시행한다. 아이가 '홈 아르바이트 기록표'에 아르바이트 횟수를 기록하여 일주일이나 한 달 단위로 지급명세서를 제출하게 한 후, 그에 따라 용돈을 지급해 준다.

용돈 관리 네 가지

1. 용도에 맞는 봉투나 저금통을 마련한다.
2. 지금 당장 쓸 것과 나중에 쓸 것을 구분한다.
3. 용돈의 사용처는 아이와 협의한다.
4. 용돈 부족 시 홈 아르바이트로 돈의 가치를 알게 한다.

아동발달 Tip

경제교육 게임: 부루마불, 모노폴리

'부루마불'과 '모노폴리'라는 보드게임이 있다. 어린 시절에 많이 해 본 게임일 것이다. 두 게임 모두 비슷한 게임 방식을 취하고 있는데, 같은 색의 땅을 구입하고 거기에 주택을 지어서 임대료를 받고, 소유한 땅을 담보로 은행에서 돈을 대출해서 쓰며, 한 명을 제외한 다른 참여자들이 모두 파산하면 게임은 끝난다. 어떻게 하면 부자가 되고, 어떻게 하면 파산하는지 자연스럽게 알 수 있는 게임으로서, 놀이하면서 자연스럽게 경제원리를 알게 된다.

세계적인 베스트셀러 『부자 아빠 가난한 아빠』의 저자인 로버트 기요사키는 '모노폴리' 게임을 하면서 경제 원리를 익혔다고 말한다.
세계 대공황의 시기인 1935년에 미국의 작가 찰스 대로우가 만든 '모노폴리'는 전 세계를 돌아다니며 증권과 부동산을 사고팔며 자신의 재산을 지켜 나가는 게임이다. 지금까지 43개의 언어로 번역하여 111개국에서 2억7천5백만 개 이상 판매된 세계에서 가장 많이 팔린 보드게임으로 알려져 있다.

'부루마불'은 1982년에 '씨앗사'를 통해 국내에 출시되었다. 이 게임은 각국의 주권 카드를 구입하고, 자신의 땅에 건물을 지어 임대료를 받는 재산 증식형 보드게임이다.

가족과 함께 또는 또래들끼리 모여서 보드게임을 함으로써 즐겁게 놀이하는 경제 공부를 통해 자연스럽게 경제관념을 익힐 수 있다.

2) 용돈 관리는 지속적으로 해요

용돈을 지급하는 경제교육 효과 중에서 가장 중요한 것은 '저축을 경험하는 것'이다. 저금통에 돈을 모으다 보면 어느새 저금통이 꽉 차서 은행으로 예금을 하러 가야 하는 날이 온다. 아이가 이 순간을 즐기면서 경험하면 평생 저축하는 즐거움을 느끼게 된다. 꽉 찬 저금통을 흔들어 보고 열어서 같은 종류의 동전을 10개씩 쌓고, 지폐는 같은 단위의 지폐로 나눈다. 아이는 스스로 조금씩 모아 놓은 돈이 이만큼 많아졌다는 것에 굉장히 신기해하고 즐거워한다. 모은 돈을 가지고 은행에 갈 때도 아이와 함께 가서 보호자인 부모가 아이의 이름으로 통장을 만들어 주는 것이 좋다. 아이 이름으로 된 통장에 아이가 모았던 돈을 스스로 예금해 보는 경험은 돈을 소중히 여기고 관리하는 즐거움을 느끼는 첫걸음이 된다.

용돈은 마음대로 쓰라고 주는 것이 아니라 아끼고, 모으고, 투자하라고 주는 것임을 아이가 알고 실천하게 하는 것이 중요하다. 용돈은 소비 30%, 저축 30%, 투자 30%, 기부 10%로 나누어서 관리한다.

- 소비: 30%. 지금 당장 쓸 돈
- 저축: 30%. 당장은 아니지만 모아서 쓸 돈
- 투자: 30%. 미래를 위해서 모아 두는 돈
- 기부: 10%. 더불어 사는 지혜로 기부하는 돈

앞에서 설명한 대로 용돈을 받으면 먼저 각각의 봉투에 네 가지 항목별로 용돈을 나눈다. 그리고 항목별로 관리를 시작한다. 당장 쓸 돈인 '소비'는 군것질하거나 간단한 학용품을 사는 돈이니 이것은 지갑에 넣어 두고 사용한다.

'저축'은 용돈을 아껴서 모아 두었다가 비싸지만 갖고 싶었던 물건을 사는 등에 활용함으로써 계획성과 인내심을 기르는 데 효과적이다. 이것은 눈에 보이는 저금통에 모으는 것이 좋다. 돈이 모이는 것을 눈으로 직접 볼 수 있기 때문에 나의 눈앞에서 돈이 쌓여 가고 목표에 접근해 가는 즐거움을 느낄 수 있다.

'투자'는 아이가 먼 장래를 위해 용돈의 일부를 모으는 것으로, 어학연수나 대학 등록금을 위해 장기간 저축하는 돈을 말한다. 물론 아이의 용돈 일부에서 모아 놓은 돈으로 그 금액을 모두 감당할 수는 없지만, 이런 과정에서 먼 미래를 생각해 보고 나의 꿈을 이야기해 보는 것이 좋은 경험이 된다.

용돈은 적은 금액이므로 매주 투자를 위해서 사용하는 돈이 그리 많지는 않다. 그러므로 은행에 예금을 하거나 저금통에 조금씩 모았다가 일정액이 되면 투자하는 방식을 택한다. 펀드투자를 할 때는 언제든지 입금이 가능한 펀드에 가입한다. 어떤 것에 투자를 할지 결정하는 과정 그리고 투자한 상품이 어떻게 되는지 살펴보는 과정을 통해서 경제 전반에 관심을 가지게 되면 자연스럽게 경제를 배우게 된다.

더불어 사는 지혜의 돈 '기부'는 작은 저금통에 하는 것이 좋다. 아이 용돈의 10%를 기부하기 때문에 매주 몇 백 원 정도의 적은 금액이다. 이런 금액은 바로 기부하기 힘들기 때문에 한두 달 모아 두었다가 한꺼번에 기부한다. 기부용 저금통은 작으면 작을수록 저금통을 꽉 채우는 기쁨을 자주 누릴 수 있기 때문에 요구르트병 정도로 작은 크기이면 더 좋다.

이렇게 구체적으로 용돈을 관리하려면 여러 개의 저금통이 필요하다. 저금통에 각각 저축, 투자, 기부라고 이름을 붙여 놓으며, 투자용 저금통에는 아이의 꿈을 함께 써 두면 더 좋다. 또한, 재미있는 저금통을 활용하면 아이의 흥미를 유발할 수 있다. 동전을 올려놓으면 자동으로 통 안에 넣는 저금통, 소리를 내는 저금통 등 다양한 종류가 있으니 아이와 함께 저금통을 골라 보고 이름표도 붙여 보는 시간을 가지면 더욱 효과적이다.

3) 똑똑한 경제 습관을 시작하고 지속해요

누리의 이야기

오늘은 5학년이 되는 매우 신나고 중요한 날이에요.
부모님께서는 제가 5학년이 되면 그동안 일주일 단위로 받던 용돈을 한 달 단위로 주겠다고 약속하셨거든요.
일주일 단위의 용돈은 너무 적은 돈이라 사고 싶은 것도 마음대로 살 수 없고, 너무 절약해야 하고, 비싼 물건을 사려면 오래오래 저축해야 해서 참고 기다리기 힘들었거든요.
한 달 용돈이 들어오면, 먼저 갖고 싶었던 캐릭터 인형을 살 거예요. 와, 신난다!
드디어 부모님께서 일주일 단위로 주던 용돈을 한 달 단위로 올려 주셨어요.
금액이 커지니 마음이 부풀어 오르고 주머니도 든든하게 느껴져요.

먼저, 일주일 단위로 용돈을 받을 때 용돈이 적어서 모아서 사야 했던 캐릭터 인형이랑 장난감을 샀어요. 오랫동안 돈을 모으면서 기다리지 않고 비싼 물건을 살 수 있으니 너무 행복해요!

일단 사고 싶었던 것을 사고 나니, 어라! 학원 가기 전에 준비물을 사야 하는데 돈이 모자라요. 그리고 친구들과 떡볶이 사 먹을 돈도 없어요.

어쩌죠? 마음 약한 아빠한테 애교를 부려 봐야겠어요.

"아빠, 오늘 학원에 준비물을 가져가야 하는데 가져가지 못했어요. 선생님이 준비물을 가져오지 않았다고 혼내셨지만 할 수 없죠. 용돈이 다 떨어졌으니 그냥 친구걸 빌려 쓰면서 버텨야죠, 뭐."

아빠의 얼굴이 살짝 일그러지면서 불쌍한 표정이 되었어요. 곧 추가로 용돈을 주실지도 몰라요. 아빠는 제 애교에 마음이 약하시거든요. 그런데, 어라! 표정은 안쓰러운 표정이었는데 이내 평정을 유지하시네요. 이러면 안 되는데….

아빠는 끝내 추가 용돈을 주지 않으셨어요.

전 머리를 마구 굴려서 생각해야 했어요.

'어떻게 조금 남은 용돈으로 한 달을 버틸 수 있지?'

그동안 친구들에게 빌려줬던 몇 백 원이라도 받아서 버텨야겠다는 생각이 들었어요. 친구들이 고작 몇 푼으로 쩨쩨하다고 할 수도 있는데 어쩔 수 없어요. 거래는 거래니까요.

기분 나쁘지 않게 친구에게 쪽지를 쓰기로 했어요. 맨 먼저 쪽지를 받은 소라가 300원을 돌려주면서 안쓰러워해요. 쪽지를 받은 다른 친구들도 쩨쩨하게 여기기보다는 불쌍한 표정으로 그동안 내가 빌려주었던 200원, 300원을 돌려주었어요.

전 불쌍한 아이가 아니에요. 이번 달 용돈이 펑크가 나서 그런 거죠.

이번 달은 갖고 싶은 것을 계획 없이 사 버려서 불쌍하게 되었지만, 다음 달부터는 용돈을 계획해서 당장 필요한 돈을 쓰고, 갖고 싶은 비싼 것은 돈을 모아서 살 거예요.

전 불쌍한 아이가 아니라 계획적인 멋진 아이죠?

누리는 용돈을 통해 자연스럽게 경제관념을 익히는 중이다. 아이가 용돈을 받고 스스로 관리한다는 것은 이제까지 부모가 사 주던 것 중에서 많은 것을 포기해야 한다는 것을 뜻한다. 용돈을 받기 전에는 부모에게 애교를 부리거나 할머니, 이모, 삼촌에게 부탁하면 쉽게 얻을 수 있었던 물건도 용돈을 계획하고 아끼고 모아서 사야 하기 때문이다. 이런 점 때문에 용돈을 받지 않겠다고 하며 다시 예전처럼 사 달라고 떼를 쓰는 경우도 있다. 따라서 **용돈 관리 교육을 시작하기 전에 반드시 아이와 협의해서 용돈을 주기 시작하는 시점과 용돈의 적정한 규모를 정하는 것이 중요하다. 부모가 일방적으로 정해서 주면 아이 입장에서는 본인에게 쓰는 돈이 아까워서 그런다고 생각하거나 서운한 마음이 생길 수 있고, 아이가 선택한 것이 아니니 계획성을 지속하기도 어렵다.**

용돈을 주기 시작하면서 용돈의 범위 내에서만 생활하라고 한다면 아이는 일시적으로 혼란을 느낄 수 있다. 이때 아이의 꿈과 연결해서 구체적인 실천 항목을 그려서 정리한 후 잘 보이는 곳에 걸어 놓으면, 아이는 목적 의식을 갖고 즐겁게 용돈 관리를 할 수 있게 된다.

그런데 대부분 꿈이 자주 바뀐다. 피아니스트가 된다고 했다가 과학자가 되고 싶다고 하고, 어느 날은 건축가가 되고 싶다고도 한다. 그러나 꿈이 바뀐다고 해서 꿈을 실현하기 위한 구체적인 항목이 바뀌는 것은 아니다. 의사가 꿈이건 멋진 운동선수가 꿈이건 학생인 지금 해야 할 일이 크게 달라지지는 않기 때문이다. 의사와 운동선수는 전혀 다른 직종이지만, 노력과 자기 절제가 필요하다는 점은 다르지 않다.

아이들의 꿈은 자주 바뀌므로 '가능성', 즉 '능력'을 키워 나간다면 어떤 꿈이라도 이룰 수 있다. "1만 시간의 법칙"이라는 말이 있다. 『뉴요커』의 기자인 말콤 글래드웰은 IT, 음악, 비즈니스 등 여러 분야에서 큰 성공을 거둔 사람을 조사한 결과, 월등한 재능을 발휘하기까지 1만 시간에 달하는 막대한 기간을 연습과 훈련에 투자했음을 알게 되었다. 1만 시간 동안 같은 일을 반복해서 그 분야에서 뛰어난 성과를 내려면 '지속적'으로 행동하는 것이 중요하다. 지속력은 꾸준히 실천하는 것이다. 처음부터 욕심 내지 않고 차근차근 단계를 밟아간다. 자신의 꿈을 위해 해야 할 것을 구체적으로 적어 놓은 행동리스트를 만들어서 항상 보이는 곳에 붙여 놓고, 이것을 하나씩 실천해 나가면 지속력이 길러진다. 행동하는 시간이 쌓이면 큰 성과를 이룰 수 있다.

지금, 꿈과 꿈을 위한 행동리스트를 아이와 함께 만들어서 붙여 놓고 상기하고 실천하는 것이 중요하다.

용돈교육은 오랜 시간을 두고 실행하는 경제습관교육이다. 부모도 아이도 도중에 용돈을 왜 주고받는지 본래의 목적을 종종 잊곤 한다. 그러므로 자신의 꿈과 구체적으로 해야 할 목록을 그림으로 그려서 붙여 놓으면, 아이와 부모 모두 항상 용돈의 목적을 의식해서 계속 똑똑한 경제 습관을 들일 수 있다.

4) 용돈기입장으로 관리를 효율적으로 해요

'용돈기입장' 작성은 용돈을 계획적으로 사용하는 데 효과적인 방법 중 하나이다. 어떤 내역을 쓰고 결산한다고 하니 어렵게 느껴질 수 있는데, 막상 해 보면 그리 어렵지 않고 미처 인식하지 못했던 여러 항목을 발견하게 된다.

용돈기입장을 잘 쓰기 위해서는 수입과 지출 항목에 무엇이 있는지 알아야 한다. 먼저, 수입 항목에는 지난달에 넘어 온 돈과 이번 달 용돈, 아르바이트 등을 해서 번 돈 그리고 기타 수입친척 어른에게 받은 돈 등이 있다. 이러한 수입은 항목별로 내용을 적는다[부록] ② 용돈기입장 참조.

지출 칸은 실제 어디에 돈을 사용했는지를 적는 곳이다. 지출은 저축, 기부, 소비로 나누어 기록한다. 투자 항목은 아이가 어리거나 주급 단위일 때는 너무 막연할 수 있으니 저축 항목에 함께 쓰고, 익숙해지면 투자 항목을 추가한다. 저축은 저금통이나 통장에 저축한 금액을 쓰고, 기부는 친구에게 선물을 하거나 교회 헌금, 불우이웃 돕기 등에 사용한 돈을 기록한다. 그리고 소비는 PC방이나 군것질 등에 쓴 돈을 기록한다.

금액 칸에는 수입과 지출 내용에 대한 해당 금액을 적는다. 잔액 칸에는 남은 금액을 적는데, 수입이 생기면 남은 금액에 수입 금액을 더하고, 지출은 사용한 금액을 빼고 남은 돈을 적는다.

용돈 관리의 가장 중요한 점은 쓰고 남은 돈을 저축하거나 기부하는 것이 아니라, 우선 저축과 기부를 하고 남은 돈을 규모 있게 소비하는 것이다.

- 수입: 지난달 잔액 + 이번 달 용돈아르바이트 수입 포함
- 지출: 저축 - 저금통과 통장에 저축한 돈
  기부 - 선물, 헌금, 이웃돕기 등
  소비 - 군것질, PC방 등
  투자 - 펀드 등 장기적으로 모으는 돈

매일 발생하는 수입과 지출 내역을 하루도 빠짐없이 꾸준히 작성하기란 어른에게도 쉽지 않은 일이다. 아이가 용돈기입장을 꾸준히 쓸 수 있도록 다음과 같은 방법을 활용해 독려해 본다.

첫째, 용돈 지급일과 금액을 정확히 지킨다. 용돈 금액과 지급일은 월급날 그리고 월급액과 같은 의미이다. 몇 천 원 정도의 적은 금액이지만, 아이와 약속한 지급일과 금액을 잘 지켜 주어서 규칙적으로 계획하게 한다.

둘째, 용돈기입장은 효율적으로 구성한다. 앞 장에는 수입과 지출란을 작성하고 뒷장에는 영수증을 붙이거나 그 내용에 관해 자세하게 기재한다. 이러한 내용을 참고하여 결산할 때 아이의 소비 성향을 파악하고 예산을 세울 수 있다.

아이는 성향에 따라 용돈을 잘 관리하기도 하며, 아예 안 쓰고 모으기만 하거나 받은 즉시 모두 써 버리기도 한다. 용돈을 받은 즉시 모두 써 버리는 성향의 아이는 스스로 긴 시간을 관리하기 어려운 경우이므로, 일주일의 용돈을 하루 단위로 주다가 서서히 주 단위, 월 단위로 늘려가는 것이 좋다.

5) 용돈기입장의 꽃, 결산!

용돈기입장의 주된 목적은 '결산'에 있다. 회사에서 재무제표를 작성하는 것이 수입과 지출의 상황을 파악하기 위한 것처럼 가정에서는 가계부가 그것이고, 어린이에게는 용돈기입장이 그것이다. 그래서 용돈의 지출항목을 체계적으로 분류하고 매달 결산을 하는 것이 중요하다.

내가 쓴 돈이 어느 정도인지 매일 적어서 계산하지 않으면 나중에는 정확하게 알기 어렵기 때문에 부모는 용돈을 정해진 날에 지급하고, 아이는 용돈기입장을 매일 작성하는 것이 중요하다. 돈을 사용하고 나서 용돈기입장에 쓰는 것을 며칠 미루게 되면 돈을 어디에 얼마나 썼는지 정확하게 생각나지 않을 때가 많다. 그래서 매일 용돈기입장을 작성하게 하고, 한 달 뒤 결산하면서 내용을 확인하며, 이것을 참고하여 용돈을 지급하면 체계적으로 돈을 관리하는 습관을 들일 수 있다.

용돈을 결산한 후 아이는 용돈이 모자라니 올려 달라고 요구하기도 한다. 우리가 월급을 받을 때마다 항상 적게 느끼는 것과 같다. 이럴 때는 용돈기입장의 결산 내용을 활용해서 아이와 협의하는 것이 좋다. **아이 또한 용돈기입장의 결산 내용을 부모에게 보여 주면서 모자라는 부분에 대해서 논리 있게 협상에**

임할 수 있다. 이러한 과정은 아이가 근거를 통해 자기 의견을 말하는 습관을 형성하는 데도 도움이 된다. 지급 금액은 부모가 단독으로 결정하지 말고 반드시 아이와 의논하고 협상하여 결정한다.

용돈 결산 방법은 그 기간의 전체적인 수입과 지출 내용을 예산과 비교해 보는 것이다. 이때 수입에 비해 지출이 많다면 돈이 없어 쩔쩔매게 되고 결국은 부모에게 손을 벌릴 수밖에 없게 되니, 아이 스스로 용돈기입장을 꼼꼼히 살펴보면서 필요하지 않은 것에 돈을 쓰지는 않았는지 확인해 보는 습관이 필요하다. 이후 연말에 월별로 결산한 것을 묶어 연말 결산을 해 보면 아이가 돈을 어떻게 써 왔는지 한눈에 알 수 있다. 용돈을 대부분 학교 준비물을 사는 데 썼다면 용돈이 부족한 것이니 올려 줄 필요가 있다. 반면, 대부분 군것질하는 데 용돈을 사용했다면 제대로 관리하지 못한 것이니 그 원인을 찾아본다.

마지막으로, 결산을 한 후에는 반드시 용돈을 사용하면서 느꼈던 점을 적어 보게 한다. 용돈이 부족했다면 이유가 무엇인지, 고쳐야 할 점은 없는지, 올바르게 사용한 내용은 무엇인지 스스로 생각하여 적어 볼 수 있게 독려한다. 이러한 습관을 들이면 합리적으로 용돈을 관리하는 데 큰 도움이 될 수 있다. 용돈기입장의 결산을 반복해서 경험하게 되면 효율적으로 예산을 세울 수 있는 능력도 자연스럽게 생긴다.

용돈기입장의 결산과 그 이용법

❶ 부모는 용돈을 정기적으로 정해진 날에 지급한다.
❷ 아이는 용돈기입장을 매일 기재한다.
❸ 용돈기입장을 매달 결산하여 정리된 내용을 확인하고 용돈을 지급한다.
❹ 용돈의 결산 내용을 분석하여 용돈을 올릴지 내릴지 아이와 협의한다.
❺ 용돈기입장에 용돈이 왜 모자랐는지에 관해 생각해 보고 적는다.

아동발달 Tip

용돈기입장을 매일 쓰는 효과

매일 규칙적으로 무엇인가를 한다는 것은 아주 좋은 일이지만, 아이뿐 아니라 어른에게도 힘든 일이다. 용돈기입장을 매일매일 쓰게 하는 것도 습관을 들이기 전에는 아이에게는 당연히 어려운 일이다. 우리가 어릴 적 방학 숙제로 매일 일기 쓰기를 힘들어했던 것을 떠올려 보면 더욱 와닿는다.
그러나 좋은 습관을 들이려면 매일매일 써서 잊지 않도록 하는 것이 좋으니 오늘 어떤 일이 있었는지 부모님과 대화를 나누면서 용돈기입장을 함께 쓰고, 거기에 덧붙여 느낀 점을 쓴다면 훌륭한 경제 일기장이 될 수 있다.
경제 일기장을 매일 쓰게 되면 여러 가지 좋은 점이 있다. 그중 가장 좋은 점은 아이들의 상상력이 향상되는 것이다. 사람은 기억을 상기할 때, 있는 그대로를 100% 기억하는 것이 아니라 자신의 주관적인 입장에서 새롭게 구성된 기억을 떠올리게 된다. 이 과정에서 상상력이 길러지게 되는데, 뇌 활동이 왕성하고 자극을 많이 줄수록 뇌 발달이 활발하게 이루어지는 어린 시기에는 효과가 더욱더 크다.
하루의 마무리를 부모님과 즐겁게 대화하면서 매일 경제 일기를 쓰면, 규칙적으로 무언가를 하는 습관이 길러지고 뇌 발달의 촉진으로 상상력도 길러지는 일거양득의 효과를 얻을 수 있다.

6) 친척들에게 세뱃돈과 용돈을 받았어요

이 책을 읽고 있는 여러분은 명절에 관한 어떤 추억을 가지고 있는가? 저자는 중학교 이후에 용돈을 받았고 그 이전에는 용돈이라는 개념이 없던 시기를 보냈다. 어린 시절 유일하게 큰돈을 만져 볼 수 있는 날이 설날이었다. 세배를 하고 어른들께 덕담을 들으면서 계속 세뱃돈은 얼마를 주실까 궁금해하고 기대하던 기억이 있다. 그렇게 설레는 마음으로 세뱃돈을 받아 복주머니가 두둑해지면, 주머니 채 꼬박꼬박 어머니께 저금을 하였다. 어머니는 "네게 너무 큰 돈이니 엄마가 저금했다가 네가 크면 줄게." 하셨고, 그 저금은 정기적으로 명절마다 계속되었다. 그러나 그 돈은 내가 학교를 모두 졸업하고 어른이 되어도 아직 내 손에 돌아오지 않고 있다. 여러분도 이와 비슷한 경험을 했으리라.

세뱃돈의 유래는 정확하지 않지만, 결혼하지 않은 자녀에게 붉은색의 봉투에 돈을 담아 주던 중국의 풍습이 일본으로 전해지고, 일제강점기를 거치면서 과일이나 떡을 나누던 우리네 풍습이 세뱃돈을 주는 풍습으로 이어졌다고 한다. "엄마가 세뱃돈 다 모아 놓았다. 네가 학교 들어가면 그때 줄게." 이런 엄마의 말씀은 어딘가 모르게 신뢰를 준다. 그래서 과자 하나 사 먹어 보지도 못한 채 아쉬운 마음을 뒤로하며 제일 믿음직한 엄마에게 세뱃돈을 모두 드린다. 아니, 정확하게 말하면 엄마에게 맡겨 놓는다. 언제 찾을 수 있을지 모르지만, 엄마는 늘 아이를 위한 든든한 은행이니까.

세뱃돈도 경제교육에 활용할 수 있다. 앞의 경우처럼 아이에게 설날에 받은 세뱃돈이나 친척, 이웃들한테 받은 가욋돈이 생기면, 많은 부모는 내 아이가 받은 만큼 나도 다른 집 아이에게 주므로 부모가 거둬들이는 경우가 있다. 그러나 이는 경제교육 측면에서 바람직하지 못한 상황이다. 왜냐하면, 부모와 아이는 언젠가 경제적으로 서로 독립해야 하기 때문이다.

부모가 아이의 돈을 자신의 돈으로 여기면, 아이도 부모의 돈을 자신의 돈으로 여기게 되어 돈에 대한 관념이 명확해지기 어렵다. 그러므로 세뱃돈이나 가욋돈이 생기면 반드시 아이의 명의로 된 통장에 스스로 넣게 하는 것이 좋다.

세뱃돈으로 하는 경제교육은 구체적으로 어떻게 하면 좋을까?

첫째, 세뱃돈을 받기 전에 아이에게 그 의미를 설명해 준다. "새해 첫날이 되면 어른들께 인사를 드리는데 그때 어른들이 축복하는 의미로 돈을 주신단다." "이 돈을 잘 모아 두면 네가 좋아하는 장난감을 살 수 있고, 하고 싶은 것을 많이 할 수 있어. 그러니 소중하게 잘 모아 두자." 정도로 이야기해 주고, 세뱃돈을 어떻게 할지 아이와 함께 상의해 보고 관리하면 자연스럽게 돈의 쓰임새를 알고, 돈은 소중한 것이며 함부로 써서는 안 된다는 사실을 인지할 수 있다.

둘째, 버킷리스트를 만든다. 세뱃돈을 받을 때마다 저금하는 것이 좋지만 세뱃돈으로 아이가 원하는 물건을 직접 구입해 보는 것도 좋은 경제교육이 된다. 아이에게 세뱃돈을 받으면 무엇을 하고 싶은지 물어보고 미리 버킷리스트를 만든다. 단, 사고 싶은 물건을 모두 살 수 있는 것은 아니며, 꼭 필요한 물건만 살 수 있다는 점을 미리 약속한다. 특히 나이가 어릴수록 예산을 정해 두는 것이 좋은데, "세뱃돈 중에서 3,000원을 쓸 수 있어. 그러니 3이 넘는 숫자는 사지 못하는 거야."라고 미리 예산 금액을 정해 두고 직접 예산 내에서 물건을 구입하게 한다.

셋째, 아이와 함께 직접 은행에 간다. 돈을 저축하는 이유를 설명해 주고 은행직원과 손님들이 무슨 일을 하는지 아이와 직접 살펴보는 것만으로도 큰 경험이 된다. 저금통에 돈이 어느 정도 모이면 단돈 1,000원이라도 은행에 함께 가서 아이가 직접 저금하게 하고 통장을 보여 주어 숫자가 바뀌었다는 사실을 알려 준다. 이렇게 반복하다 보면 아이는 성취감을 물론 자신감도 갖게 된다. 또한, 은행에서 적금뿐 아니라 펀드상품에 가입하고 싶으면 아이와 함께 상품을 잘 선택해서 가입해도 좋다.

세뱃돈으로 하는 경제교육

- 세뱃돈을 받기 전에 아이에게 그 의미를 설명해 준다.
- 버킷리스트를 만들어서 정해진 금액 안에서 아이가 직접 구입하도록 한다.
- 아이와 함께 직접 은행에 가서 저축하고 통장의 금액을 보여 준다.
- 펀드상품 가입은 아이와 의논해서 잘 선택해서 가입한다.

아동발달 Tip

큰돈 쓰지 않고 아이와 좋은 관계를 만들어요

세뱃돈처럼 갑자기 큰돈이 생기면 누구나 마음껏 쓰고 싶은 것이 인지상정이다. 그러나 이것을 잘 관리하면 유용한 경제교육이 될 수 있다.

돈이 생기면 누구나 마음이 느슨해져서 좋은 것을 사고 싶고 돈으로 보상도 받고 싶어 한다. 특히 맞벌이로 인해 아이와 시간을 많이 보내지 못하는 부모는 돈으로 보상하려는 경우가 더욱 많다.

맞벌이 가정이 대부분인 요즘, 육아에 대한 부담 때문에 아이와의 시간을 어떻게 의미 있게 보낼지 고민하는 부모가 많다. 그래서 설날이나 연휴가 오면 뜻깊은 이벤트를 준비하는 부모도 있다. 그러나 이벤트성으로 많은 돈을 쓰거나 많은 시간을 아이와 함께 보낸다고 해서 무조건 좋은 관계가 이루어지는 것은 아니다.

아이와 바람직한 관계를 만들기 위해서는 함께하는 시간이 짧더라도 친밀도가 높은 시간을 갖는 것이 중요하다. 일주일에 몇 번 혹은 하루에 한 번 등 규칙적인 놀이 시간을 정해서 함께 놀아 주는 것이 좋다. 놀이 시간에는 아이뿐만 아니라 엄마, 아빠도 정말 재미있게 느끼면서 놀아 주는 것이 중요하다.

많은 돈을 쓰는 이벤트성 행사보다 짧은 시간이라도 시간을 정해서 규칙적으로 재미있게 놀아 주면 아이도 부모와 떨어져 있는 동안 안정된 마음으로 시간을 보낼 수 있어 긍정적인 애착과 인성을 기를 수 있다.

03 미래를 준비해요: 투자

1) 투자의 세계, 몇 살에 시작할까요?

어린이가 투자를 시작하는 시점은 언제가 좋을까?

세계의 부호 워런 버핏은 여덟 살에 주식을 배우고 열 살에 본격적인 투자의 세계를 만났다고 한다. 워런 버핏이 우리나라를 방문했을 때 기자가 물었다. "워런 버핏, 당신처럼 열 살부터 투자를 시작하면 될까요?"라고 묻자 그가 대답하기를 "열 살도 늦습니다."라고 했다.

용돈교육을 빨리 시작하는 것이 좋은 것처럼 투자교육도 용돈교육과 함께 하는 것이 좋다. 특히 투자는 용돈교육을 시작할 즈음에 부모가 적은 금액부터 시작해 주면, 부모보다 시간이 많은 우리 아이가 성인이 될 때는 마법처럼 부자가 될 수도 있다. 시간에 자연스럽게 맡겨 놓으면 부자가 될 수 있는 방법인 것이다.

시간을 이용하는 투자 방법 중 '복리의 마법'이라는 말이 있다. 복리란 한자 단어로 돌아올 복復, 이로울 리利가 합쳐진 단어이다. 한자의 뜻 그대로 이자를 계산할 때 원금에 가산하여 이자가 붙는 것을 말하는데, 원금에 이자가 붙고 다음에는 원금에 이자가 붙은 상태에 더해져서 이자가 붙는 방법이다.

수식으로 표현하면 다음과 같다.

$$FV = PV \times (1 + r)n$$

예를 들어 1,000만 원을 10%의 수익률을 얻는 상품에 투자했을 때 단리와 복리의 차이를 보면 확실히 확인할 수 있다.

| 표 2 | 단리와 복리의 차이(수익률: 10%)

시간	단리	복리
1년	1,100만 원	1,100만 원
2년	1,200만 원	1,210만 원
3면	1,300만 원	1,331만 원
4년	1,400만 원	1,464만 원
5년	1,500만 원	1,611만 원
6년	1,600만 원	1,772만 원
7년	1,700만 원	1,949만 원
8년	1,800만 원	2,144만 원
9년	1,900만 원	2,358만 원
10년	2,000만 원	2,594만 원
20년	3,000만 원	6,727만 원
30년	4,000만 원	17,449만 원
40년	5,000만 원	45,259만 원
50년	6,000만 원	117,391만 원

〈표 2〉를 보면 시작할 때는 같은 1,000만 원이 50년이 지나니 약 20배의 차이로 벌어지는 것을 볼 수 있다. 1,000만 원으로 시작해서 복리로 10%의 투자 수익을 낸다면 50년 뒤에는 약 12억 원에 가까운 금액이 된다. 이러한 복리에 관해 아인슈타인은 설명할 수 없는 마법이라고 말하며, "복리는 이 세상의 여덟 번째 불가사의이다."라고 했다.

지금은 100세 시대이니 우리 어른도 시간이 있지만, 복리의 측면에서 볼 때 아이들은 부모 세대보다 훨씬 더 많은 시간이 있다. 따라서 투자를 통해 부를 불릴 기회가 훨씬 더 크다고 할 수 있다. 아인슈타인이 말한 대로 '복리의 마법'은 과학이다. 부모가 시간에 자연스럽게 기대어 투자할 수 있는 상품을 찾아내어 아이의 시간에 복리의 마법을 더해 주면, 아이가 성인이 되는 20~30년

후에는 이미 금융에 대한 개념과 함께 투자에 사용할 종잣돈 정도는 마련되어 있을 것이다.

우리 아이들에게 경제교육과 투자를 일찍 시작하게 한다면, 어른이 되어도 자립하지 못하고 부모에게 기대어 사는 '캥거루족'은 남의 일이 될 것이다. 든든하고 멋진 경제인이자 투자자가 되어 있을 아이들의 미래 모습이 보인다.

2) 일찍 시작하는 투자, "시간을 이용해요"

초등학교 친구 사이인 소라와 기주는 어느덧 성인이 되었다. 부모님과 어릴 때부터 경제활동을 통해 경제 습관을 갖고 있던 소라는 성인이 된 스무 살부터 매월 50만 원씩 복리상품에 투자를 시작하여 10년 후 투자수익률 8%를 기록했다. 그렇게 스무 살 때부터 서른 살까지 11년을 복리상품에 투자를 하니 서른 살에는 복리의 마법으로 인해 1억 원을 모았다. 그리고 이제 연수익률 8%를 달성하는 성공한 전업투자자가 된다.

친구인 기주는 열심히 공부하고 취직해서 잘 지내다가 소라의 조언을 듣고 서른한 살부터 투자를 시작하였다. 소라에게 배운 투자 기법으로 기주 역시 복리상품에 매월 50만 원씩 투자하여 마찬가지로 연수익률 8%를 달성하며, 매년 차곡차곡 자산을 쌓아 가고 있다.

이 두 친구가 65세가 되었을 때 둘의 투자금은 어느 정도의 자산이 되었을까? 기주보다 10년 먼저 투자를 시작한 소라는 15억 원, 소라보다 10년 늦게 투자를 시작한 기주는 11억 원이 된다. 물론 전업투자자인 소라는 다른 투자도 해서 더 큰 자산가가 되었지만, 단순히 같은 금액을 투자한 하나의 상품만을 비교했을 때 일찍 시작하는 소라의 자산이 훨씬 더 많이 늘어난 것을 알 수 있다.

소라와 기주의 투자 대비 시간의 흐름은 〈표 3〉을 살펴보면 좀 더 명확히 확인할 수 있다.

표 3 투자 대비 시간수익률(단위: 원)

월 50만 원(연 600만 원), 투자수익률 8%				
나이	소라의 투자금	누적액	기주의 투자금	누적액
20	6,000,000	6,480,000		
21	6,000,000	13,478,400		
22	6,000,000	21,036,672		
23	6,000,000	29,199,606		
24	6,000,000	38,015,572		
25	6,000,000	47,536,820		
26	6,000,000	57,819,766		
27	6,000,000	68,925,347		
28	6,000,000	80,919,375		
29	6,000,000	93,872,925		
30	6,000,000	107,862,759		
31			6,000,000	6,480,000
32	⋮	⋮	6,000,000	13,478,400
33			6,000,000	21,036,672
⋮			⋮	⋮
61	6,000,000	1,172,216,807	6,000,000	799,281,225
62	6,000,000	1,265,994,152	6,000,000	869,703,723
63	6,000,000	1,367,273,684	6,000,000	945,760,020
64	6,000,000	1,476,655,579	6,000,000	1,027,900,822
65	6,000,000	1,594,788,025	6,000,000	1,116,612,888

미국의 전설적인 투자자 피터 린치는 『전설로 떠나는 월가의 영웅』이라는 책에서 복리의 힘과 시간의 힘을 이렇게 설명했다.

"1626년 미국 인디언들이 24달러어치의 구슬을 받고 이민자에게 뉴욕 맨해튼 섬을 팔았을 때 많은 사람이 이 거래를 두고 어수룩한 인디언들이 속아서 계약을 맺었다고 생각했다. 만일 인디언들이 경제관념을 알아서 24달러를 연이자 8%의 채권에 복리로 투자했다면 이자와 원금을 합친 원리금이 1989년에 30조 달러가 되었을 것이다. 그 당시 맨해튼의 땅값은 600억 달러에 불과해 그 돈을 그렇게 투자했다면 지금은 뉴욕 전체를 사고도 남았을 것이다."

그 당시 인디언들에게 이러한 경제 지식이 있을 리 만무한 다소 억지스러운 이야기이기는 하지만, 투자와 시간의 관계가 중요하다는 것을 느낄 수 있는 예시이다.

복리의 마법에 대해 설명할 때 '72 법칙'이라는 말을 한다. 복리의 마법 아래 투자한 경우 원금의 두 배가 되는 시점을 계산해 주는 법칙이다.

만약 연이율 8% 상품에 투자한 경우 원금의 두 배가 되는 시점은 언제일까? 연이율과 연수를 곱하여 72가 나오는 연수가 원금의 두 배가 되는 시점이다. 예를 들어, 연이율 8%의 경우 8%×9년=72이므로 9년이 지난 뒤에 투자금이 원금의 두 배가 된다.

72 법칙

72 법칙은 복리체계에서 특정 이자율을 기준으로 최초 원금이 두 배가 되는 시간을 알려주는 법칙이다.

72 ÷ 이자율 = 원금이 두 배가 되는 데 걸리는 시간(연수)

예제) 연이율 8%의 복리상품 가입 시 원금의 두 배가 되는 시점은? 9년

72 ÷ 8% = 9년

아동발달 Tip

어린이도 직접 투자할 수 있어요

아동학을 전공하면서 많은 학자 중에 '존 듀이'의 경험주의 교육을 중요하게 배웠다. 존 듀이는 그의 저서『아동과 교육과정』에서 교육에 대해서 이렇게 말한다.

> "교사가 해야 할 중요한 일은 새로운 지식이 아니라 학습자들로부터 교과에 해당하는 직접적이고 생생한 경험을 이끌어 내는 것이다. 그러므로 교사는 보다 넓은 전체적인 조망 속에서 경험의 바람직한 성장을 이룩해야 한다."

존 듀이는 경험을 통해 습관이 되고 습관이 쌓이고 쌓여 우리의 인격을 이룬다고 하면서 직접 경험하는 것의 중요성을 강조하였다.

경제교육을 할 때도 이와 같다. 어릴 때부터 저축하고 투자할 때 아이와 함께 은행, 증권회사, 화폐박물관 등을 방문하여 직접 보고 느끼며, 경험하게 해 주면 아이는 현명하고 지혜로운 경제인의 인격을 갖추게 될 것이다.

경제 공부에서 가장 중요한 것은 무엇일까? 앞서 존 듀이의 경험과 교육에서 주장하는 것처럼 모든 공부에서 가장 효과적인 방법은 '경험'이다. 경제 공부도 마찬가지다. 어린이 경제 공부는 책을 보고 시뮬레이션만 해 보는 것이 아니라 직접 저축하고, 투자해 보는 경험이 중요하다. 어른에게 있어서 투자는 금액이 크기 때문에 위험 부담이 있지만, 어린이가 주식투자를 하면 큰 금액이 아닐 테니 큰 손실 없이 주식이 무엇인지를 자연스럽게 알 수 있는 계기가 된다.

미성년자인 어린이는 부모님과 함께 증권회사에 가서 계좌를 개설하고, 투자하려는 기업이나 주식시장에 관해서 공부하고 투자 기업을 선택한다. 막연히 책이나 교육 자료로 공부하는 것보다 자신의 이름으로 된 계좌를 개설하고 직접 투자할 회사를 선정해 놓으면 평소에 경제뉴스를 보면서도 그 기업에 대해 궁금해하고 스스로 경제를 공부하게 된다.

3) 저축 외에도 다양한 투자 방법이 있어요

우리나라 어른들은 예로부터 불로소득不勞所得이라고 하여 노동을 하지 않고 번 돈을 부정적으로 생각하는 경우가 많다. 그러나 옛날에는 토지에 농사를 지으면 노동을 늙어 죽을 때까지 할 수 있었고, 경제성장기에도 대부분 정년이 보장되었기 때문에 평생 일을 해서 돈을 벌고 은퇴 후 몇 년 있다가 사망하였기에 가능한 이야기이다. 그러나 현대 사회에서는 자신의 토지에 농사를 지어 평생 일구는 것도 아니고, 정년이 보장된다고 해도 평균 수명이 길어져서 정년 이후에 노동을 하지 않고 살아가는 기간이 늘어났다. 그러므로 노동의 대가로 받는 돈이 좋은 돈이고, 노동 없이 돈을 버는 것은 나쁘다는 사고방식은 현대 사회에서 합리적이지 않다.

선진국일수록 이러한 추세가 짙어진다. 우리나라도 선진국으로 진입하는 과정이므로 점점 더 그렇게 되어 가고 있다. 노동 외에도 수입이 발생하는 다양한 방법을 부모도 알아야 하고, 앞으로 선진국에서 어른으로 살아갈 우리 아이들은 더더욱 어릴 때부터 돈을 버는 다양한 방법을 익혀야 한다.

한국과 미국의 금융교육 내용을 비교해 보면 한국은 '돈을 저축하고 현명하게 쓰는 법'에 초점을 맞추고, 미국은 돈을 저축하고 현명하게 쓰는 것 외에 돈을 투자하는 방법과 재정적 목표를 설정하는 교육에도 많은 비중을 둔다.

노동 외에 돈을 벌 수 있는 것은 무엇이 있을까? 저축은 단기간에 써야 할 자금이나 종잣돈을 만들기 위한 적금 혹은 사용 용도와 시기가 확정된 경우에 하는 것이 적합하다. 반면 투자는 미래의 가능성을 보고 이익을 얻기 위해 자본을 대는 것을 말한다. 저성장·저금리 시대인 요즘에는 이자가 2% 이상인 저축 상품을 찾기도 힘들어서 저축만으로는 재산을 형성할 수 없다. 명확한 투자 지식은 생존의 요건이 된다.

일확천금은 당연히 없다. 투자로 일확천금을 얻겠다는 생각은 투자가 아니라 투기이다. 진정한 투자는 금융 지식과 안목을 길러 우량기업이나 좋은 투자처에 투자하여 시간이 지남에 따라 투자한 기업과 함께 나도 성장해 나가는 것이다.

아이와 할 수 있는 저축과 투자의 방법을 구체적으로 살펴보자. 저축이나 투자는 장기간에 걸쳐서 해야 하므로 저금통에 돈이 쌓이면 반드시 통장을 만들어야 한다. 아이의 용돈은 적은 금액이므로 투자를 위해 사용하는 돈 또한 적을 수밖에 없다. 그러므로 은행에 예금을 하거나 저금통에 모았다가 일정액이 되면 펀드나 주식 등에 투자하는 방법이 좋다. 펀드투자를 한다면 아이가 언제든지 입금할 수 있는 펀드에 가입하는 것이 효율적이다.

어린 시절에 투자상품을 고르고 투자를 시작하면 '미래를 준비하기 위해서는 미리 투자를 해야 한다.'라는 인식을 심어 주고, 직접 투자한 회사나 경제 전반에 대해 자연스럽게 관심을 갖게 되므로 중요한 경험이 될 수 있다.

4) 세계 여러 나라의 경제교육

우리나라는 아직 경제교육이 정규교육으로 정해져 있거나 가정에서 교육하는 것이 활발하지 않다. 그러나 **세계의 많은 나라가 자본주의 사회에서 꼭 필요한 경제교육의 중요성을 알고 정규교육으로 편성해 다양한 방법으로 진행하고 있다.** 세계 여러 나라의 경제교육을 알아보자.

(1) 독일

독일의 부모는 4세부터 아이에게 용돈을 조금씩 주면서 돈의 가치를 가르쳐주고 9세까지는 주급, 그 후에는 월급으로 용돈을 주면서 경제관념을 가르친다. 또한, 13세부터 아르바이트할 수 있기 때문에 아이는 13세가 넘으면 스스로 생활에 필요한 용돈을 벌면서 경제적으로 자립하게 된다. 이외에도 독일에서는 어린이를 위한 다양한 벼룩시장이 열린다. 부모는 아이가 벼룩시장에서 물건을 팔거나 구입하는 경험을 통해 경제관념, 절약 방법 등을 직접 익힐 수 있도록 한다.

(2) 미국

미국에서는 성인이 되기 전부터 스스로 돈을 벌어 생활해야 한다는 인식이 널리 퍼져 있다. 우리나라에서 흔히 말하는 "아르바이트를 할 시간에 공부해야지."라는 말은 미국에서는 통하지 않는다. 공부와 돈을 별개로 생각하기 때문에 돈을 버느라 공부할 시간이 부족하다는 생각 자체를 하지 않는다. 물론 무조건 모든 연령이 돈을 벌 수 있는 것은 아니다. 12세가 되어야 시간제 노동이 가능해지고 아이들은 부모의 경제적 상황에 상관없이 12세가 넘으면 일자리를 찾아 일을 한다. 주로 레스토랑 서빙, 마트 계산원, 잔디 깎기 등의 일을 통해 스스로 돈을 벌면서 올바른 경제관념을 익힌다.

(3) 영국

영국에서는 아이의 경제교육을 위해 어릴 때부터 용돈을 주고 용돈 안에서 계획적으로 돈을 쓰게 한다. 만약 용돈 외에 돈이 더 필요한 상황이 있을 때는 그냥 주는 것이 아니라 집안일 등의 노동을 한 후 그 대가로 돈을 줌으로써 돈의 가치를 깨닫게 한다. 또한, 열한 살부터 경제교육을 정식 과목으로 채택해 금융 문맹 퇴치에 나서고 있다.

자녀가 스무 살이 넘으면 부모는 경제적으로 자녀를 독립시킨다. 대학 입학 전 1~2년 동안 일을 해서 등록금을 스스로 벌기도 하고 생활비를 벌기 위해 다양한 아르바이트를 하기도 한다. 물론 상황에 따라 스무 살 이후에도 부모와 함께 사는 자녀들이 있는데 이때는 청소, 식사 준비 등의 집안일을 나누어 관리하고 아르바이트를 통해 생활비, 식비 등 일부를 부담하게 한다.

(4) 뉴질랜드

뉴질랜드에서는 자녀에게 돈을 물려주지 않고 '돈을 다루는 습관'을 물려주는 것을 중요하게 생각한다. 그래서 자녀에게 거의 재산을 상속하지 않는다. 아이들 역시 어릴 때부터 잔디 깎기, 강아지 산책시키기 등의 다양한 일을 통해서 용돈을 모은다. 또한, 2001년부터 초등학생을 위한 금융교육 프로그램을 시행하고 있으며 전체 초·중등학교 25%가 이 교육 프로그램에 참여하고 있다.

뉴질랜드에서는 18세가 되면 대부분 자립한다. 자립하면 나라에서 나오는 주급 수당을 개인 생활비로 사용하거나 친구들과 돈을 모아 함께 살아간다.

나라마다 경제교육을 하는 방법은 조금씩 다르지만, 올바른 금융 개념과 습관을 심어 준다는 목적은 같다. 우리나라도 학교의 정규과목에 경제 과목을 넣는 것을 검토 중이라고 하니 정규교육과정과 함께 가정에서의 경제교육이 활성화된다면 우리 아이들도 바른 경제인으로 자라날 것이다.

5) 어린이를 위한 금융상품

앞서 바른 투자란 일확천금은 없고, 좋은 투자처를 선정해서 오랜 시간에 걸쳐 이룰 수 있는 것이므로 아이들과 함께 꾸준히 배우고 실천하면서 성장해 나가는 것이라고 했다. 우리나라 금융감독원에서는 금융소비자가 금융거래 과정에서 필요하거나 알아두면 유익한 금융정보를 한눈에 제공하는 금융소비자정보 포털사이트인 파인FINE을 운영하고 있다. 이 사이트에 소개된 내용 중 어린이를 위한 금융상품과 그 가입 방법을 살펴본다.

어린이를 위한 금융상품 가입 시 활용하는 다섯 가지

❶ 어린이 전용 적금 및 금융바우처: 다양한 부가 혜택과 10,000원 수령

다수의 은행은 어린이가 저축에 흥미를 느끼고 경제관념을 기를 수 있도록 통장 표지를 만화 캐릭터로 장식한 어린이 전용 적금상품을 판매하고 있다. 어린이 전용 적금상품에 가입하면 안심보험, 상해보험, 용돈 관리 서비스 등 부가 서비스를 추가로 제공하며, 일부 은행에서는 추가 금리를 제공한다. 따라서 어린 자녀에게 통장을 개설해 줄 경우 자녀가 금융거래에 친숙해질 기회를 부여하고, 부가 서비스도 적용받을 수 있는 어린이 전용 적금상품을 이용해 보는 것이 좋다.

부모가 어린 자녀 명의로 통장을 신규로 개설하고자 할 때 은행은 정당한 법정대리인 여부를 확인하기 위해 가족관계 확인 서류와 통장 거래에 필요한 도장을 요구하고 있다. 따라서 자녀에게 어린이 전용 적금통장을 만들어 주고자 하는 부모의 경우 사전에 필요한 준비물을 꼼꼼히 확인하고 은행을 방문한다.

- 필요 준비물: 가족관계증명서, 자녀명의 기본증명서[상세], 부모 신분증, 통장 거래에 사용할 도장

한편, 영·유아 명의로 적금상품에 가입할 경우에는 10,000원을 지원해 주는 금융바우처를 활용하면 유용하다. 금융바우처는 출산 장려 등의 목적으로 일부 은행과 관련 단체가 협약을 맺어 부모가 자녀 이름으로 첫 통장을 만들 때 10,000원을 입금해 주는 프로그램으로, 어린이 적금 가입 전에 은행에 문의하면 된다.

❷ 주택청약종합저축: 높은 이자 수익과 주택청약 자격 확보

'만능청약통장'이라고도 불리는 주택청약종합저축은 일반적금보다 상대적으로 높은 금리를 받을 수 있고, 나중에 아파트 청약 자격도 얻을 수 있는 유용한 금융상품이다.

신규 가입에 연령 제한이 없어 어린이 명의로도 가입할 수 있는 만큼 자녀에게 적금통장을 만들어 줄 경우 내 집 마련을 위한 필수 통장인 주택청약종합저축에 가입해 주는 것도 좋다. 다만, 주택 청약 시 성년에 이르기 전 납입한 횟수가 24회를 초과하더라도 24회까지만 납입한 것으로 인정된다는 점을 유의할 필요가 있다. 주택청약종합저축은 국민, 신한, 우리, 하나, 기업, 농협, 대구, 부산은행에서 취급한다.

❸ 어린이펀드: 생생한 금융교육에 유용

2018년 3월 말에 어린이, 아이사랑, 주니어, 꿈나무 등의 용어를 사용하고 있는 어린이펀드는 약 20개가 판매되고 있으며, 전체 설정액은 9,159억 원가량이다. 자녀에게 리스크와 수익의 연관 관계를 체험하게 하는 등 더욱 생생한 금융교육을 경험하게 하려면 어린이펀드가 유용하다. 어린이펀드는 자녀에게 경제관념을 길러 줄 뿐더러 증여 이후 펀드투자로 발생한 수익이 증여세 부과 대상에서 제외된다는 장점이 있다. 또한, 가입자 및 가입자 자녀를 대상으로 각종 체험활동에 참여할 기회를 주거나 보수에서 적립한 금액 일부를 아동 관련 자선사업에 기부하는 등 다양한 부가 혜택도 제공하고 있다.

금융교육 목적으로 어린이펀드에 가입한다면 투자 전략과 운용 구조가 단순하고 자녀가 쉽게 이해할 수 있는 펀드에 가입하는 것이 좋다. 또한, 펀드 가입부터 자산운용 보고서 분석, 펀드 환매에 이르는 과정까지 자녀와 함께한다면 금융교육 효과를 극대화할 수 있다. 다만, 펀드는 은행 예금과 달리 운용 실적에 따라 수익률이 달라지는 실적배당상품이라는 점을 반드시 명심해야 한다.

❹ 어린이 (저축) 보험: 사고 위험 대비, 교육 자금 등 목돈 마련에 유용

어린이보험은 자녀에게 발생할 수 있는 골절 등 생활 위험이나 주요 질병을 보장하는 보험상품으로 출생 전 태아는 특약을 통해 가입한다.

- 태아는 법적으로 인보험의 대상이 될 수 없으나, 태아의 출생을 조건으로 하는 '태아 가입 특약'을 통해 출생 후 보장받을 수 있다. 또한, 선천성 기형 등으로 인한 치료비나 인큐베이터 비용 등을 보장받기 위해서는 임신 초기에 어린이보험 가입을 고려해 볼 필요가 있다.
- 최근 의료 기술의 발달로 임신 중 검사 등을 통해 태아의 기형이나 이상 유무를 확인할 수 있으므로, 역선택을 방지하는 차원에서 보험회사는 임신 기간에 따라 일부 특약의 가입을 제한(일반적으로 임신 23주까지만 가입이 가능하도록 운용)한다. 또한, 어린이보험은 가족관계등록부상 피보험자의 형제자매(피보험자 포함)가 2명 또는 3명 이상인 경우 보험회사에서 정한 기준에 따라 보험료를 할인받을 수 있다.

한편, 교육 자금 마련 등 자녀를 위한 목돈 마련을 고려한다면 어린이저축보험을 활용하면 유용하다. 어린이저축보험은 다른 금융상품과 달리 보험기간이 길고 계약 초기에 해지할 경우에는 불이익이 크므로 한 번 가입하면 장기간 유지하는 것이 바람직하다.

❺ 체크카드: 용돈 관리 등 합리적 지출 습관 형성에 도움

체크카드는 통장의 예금 잔액 범위 내에서만 결제가 가능하기 때문에 자녀의 합리적인 지출 습관 형성에 유용하다. 즉, 부모가 정해진 날짜에 자녀의 통장에 용돈을 자동이체해 주면 자녀는 카드대금 이용명세서를 통해 자신의 지출 내역을 확인할 수 있어 합리적인 소비 습관을 익히는 데 도움이 될 수 있다. 체크카드는 만 14세 이상이라면 본인 명의 계좌를 개설한 뒤 직접 발급받을 수 있다.

이상으로 **금융감독원에서 소개하는 '금융 꿀팁 200선' 중 어린이를 위한 금융상품 다섯 가지**를 소개했다. 금융상품에 가입할 때 꼼꼼히 따져 보고 어떤 금융상품이 우리 아이의 바른 경제 습관을 길러 줄지 생각해 보고 선택해서 가입하면 좋다.

사이트 1 금융감독원 파인: http://fine.fss.or.kr/main/index.jsp

6) 투자금에 꿈의 이름을 붙여 줘요

누리와 나라네 이야기

저의 이름은 나라이고, 언니의 이름은 누리입니다.
저희는 가끔 다투지만 꿈을 향해 달려가는 다정한 자매입니다.
저는 꿈이 건축가입니다. 가족과 스페인으로 여행을 간 적이 있는데 세계적인 건축가인 가우디의 건축을 보고 한눈에 반해 버렸답니다.
저는 가우디처럼 훌륭한 건축가가 되는 것이 꿈이에요.
그래서 훗날 사용할 투자금으로 펀드통장에 돈을 모으고 있어요.
펀드통장에 돈이 모이면 가우디의 작품이 많이 있는 스페인에 꼭 다시 가고 싶어요.
엄마, 아빠는 제 펀드통장에 '스페인 가우디 방문 펀드'라는 이름을 붙여 주었습니다.
누리 언니는 세계적인 성악가가 되는 것이 꿈이랍니다. 그래서 음악을 사랑하는 사람들이 가장 사랑한다는 도시, 오스트리아 빈에 가고 싶어 해요.
엄마, 아빠는 누리 언니의 펀드통장에 '오스트리아 빈 방문 펀드'라는 이름을 붙여 주었어요.
우리의 용돈은 적은 금액이어서 언니와 제 투자금액은 각각 매월 10,000원입니다.
저희의 투자금에 엄마, 아빠가 40,000원씩을 보태어 매달 50,000원을 펀드통장에 넣어 주십니다.
언니와 나는 자주 항공사, 호텔, 여행사, 환율 정보 홈페이지에 들어가서 펀드에 금액이 얼마나 쌓여야 스페인을 가고 오스트리아를 갈 수 있는지 확인하면서 계획을 짜고 있어요.
펀드통장에 투자하면서 계획을 하니, 꿈에 한발 한발 다가가는 것 같아 아주 즐겁답니다.

부모는 아이의 투자금액으로는 목표액을 달성하기 어렵기 때문에 최종 목표액을 계산해서 모자라는 만큼 매달 보태서 넣어 주고 있다. 그러면 아이는 본인의 투자 기여금과 부모님이 넣어 주는 금액을 계산하면서 차근차근 계획을 세우고, 먼 훗날을 위한 투자에 대해서 구체적으로 준비할 수 있다.

초등학교 1학년에 펀드를 가입해서 10년 후인 중학교 3학년 때 해외연수를 간다고 계산하면 대략 금액이 결정된다. 이 10년 동안의 금액을 환산해서 부족분을 매달 아이가 투자금을 넣을 때 함께 넣어 준다. 해외연수를 갈 시점에 모자란 돈을 왕창 보태 줄 수도 있지만, 그보다는 아이가 구체적으로 목표 금액에 가까워지는 것을 직접 보는 것이 경제교육 측면에서 훨씬 효과적이다.

누리, 나라의 경우 용돈 중에서 투자금액이 10,000원이고 부모님이 40,000원을 보태어 매달 50,000원을 펀드에 넣어 주고 있다. 해외여행처럼 금액이 유동적이어도 큰 문제가 없는 것은 이렇게 해 주면 좋은데, 대학 등록금처럼 아

이에게 꼭 필요하고 큰 금액의 건에 대해서는 부모가 별도의 계획을 갖고 있어야 한다. 대학의 등록금을 부모가 지원할지, 본인이 스스로 벌게 할지, 미리 펀드투자 등으로 모아 둘지는 각 가정의 상황이나 가치관에 따라서 달라질 수 있다. 한국의 상황에서 중·고교 시절에 대학 등록금 정도의 돈을 아르바이트를 통해서 벌기는 어려운 상황이므로, 대학의 첫 등록금은 부모가 준비해 주고 대학생이 된 이후의 것은 각 가정의 상황과 가치관에 따라 결정하는 것이 좋다.

아동발달 Tip

아동발달지원계좌가 있어요

본문에서 누리와 나라의 부모님은 아이들이 저금을 하면 그 금액에 돈을 보태서 투자금을 늘리는 방법을 사용하였다.

국가에서는 이러한 방법을 활용하여 빈곤층을 위한 '아동발달지원계좌'(CDA)를 진행하고 있다. '아동발달지원계좌'는 우리나라의 양극화 심화에 따라 빈곤층이 증가하는 것을 보완하기 위하여 생긴 계좌이다. 아동이나 후원자의 도움으로 아동이 계좌에 적립할 때 국가가 월 30,000원 내에서 1대1로 동일 금액을 지원해 주는 것이다.

2007년 4월부터 아동발달지원계좌 사업을 시작으로, 2009년 '디딤씨앗통장'을 대국민 브랜드로 선정하였고, 2011년에는 기초생활수급 가정 아동에 대한 아동발달지원계좌 지원사업으로 확대하였다.

아동발달지원계좌 지원사업의 대상은 만 18세 미만의 아동복지시설, 공동생활가정, 장애인시설, 가정위탁, 소년소녀가정의 아동 등이다. 주변에 대상 아동이 있거나 후원 의향이 있으면 추천하여 함께 동참하면 좋다.

7) 투자교육하는 방법은 다양해요

우리나라에서는 생소한 이야기지만, 미국의 어린이 10명 중 4명은 주식을 가지고 있다. 용돈을 모아서 눈여겨보았던 주식을 하나씩 사 두고 좋은 가격에 팔아 수익을 낸다.

주식은 회사의 주주가 되는 것으로 경영에 직접 참여하지 않지만 투자해 놓고 수익이 나면 주주로서 이익을 배당받는 것이다. 주식을 하게 되면 자신이 투자하는 회사에 대해서 알아보고 앞으로의 경제와 산업 전망에 관해서도 꾸준히 공부하게 된다. 그런 면에서 어린 시절부터 소액으로 주식투자를 해 보는 경험은 본인이 투자한 회사상품에 대한 관심에서부터 출발해서 사회·경제 전반에 관한 이해의 폭이 넓어지는 효과가 있다.

주식시장에서 손해만 봤다고 하는 경우는 투자한 회사에 대한 장기적인 안목보다는 단기간의 수익에 따라 움직이는 경우가 많다. 따라서 어린 시절부터 좋은 투자상품을 고르는 안목을 길러 주며 적절한 투자를 시작하게 하는 것이 중요하다.

우리나라의 경제성장기였던 1970~80년대에는 은행 이자가 무려 12%가 넘었다. 매달 10만 원씩 10년을 저축했다면 원금 1,200만 원에 이자는 600만 원이 넘었다. 그러나 지금은 이자가 2% 이상인 저축상품을 찾기 힘든 저성장·저금리 시대로, 저축만으로는 미래를 대비하기 힘들어졌다.

경제가 한창 성장할 무렵에는 부동산 투자로도 많은 돈을 불릴 수 있었지만, 지금 우리 아이들이 어른이 되는 앞으로의 사회에서는 투자할 수 있는 곳이 다른 선진국처럼 대부분 금융에 한정될 수밖에 없다. 그래서 금융의 꽃인 주식을 어린 시절부터 미리 교육하는 것이 중요하다.

아이에게 하는 주식투자 교육 방법을 구체적으로 알아보자.

첫째, 종잣돈의 목표를 정해서 스스로 모아 보게 한다. 용돈의 일부를 저축하거나, 부모님의 심부름 등 아르바이트를 해서 스스로 벌어 보게 하면 돈의 소중함과 사회생활을 하는 부모의 마음도 알게 된다. 처음에는 조금씩 조금씩 저금통에 모아서 한 달에 한 번 은행에 들러 예금하는 방법이 좋다.

둘째, 종잣돈이 모이면 증권회사에서 주식계좌를 만든다. 부모와 아이가 꼭 함께 증권사에 방문해서 주식 거래용 계좌를 만드는 것을 추천한다. 부모만 가서 만드는 것보다 아이가 자신의 계좌를 직접 만들어야 책임감을 기를 수 있고, 금융기관과 친숙해질 수 있기 때문이다.

셋째, 투자 방법을 선택한다. 내가 직접 투자하는 주식투자^직접투자^나 전문가에게 대신 투자를 맡기는 펀드^간접투자^ 중 아이와 상의해서 선택한다. 직접투자인 주식투자를 선택했다면 아이와 함께 경제신문을 읽으면서 어떤 회사가 투자하기 좋은 회사일지 이야기를 나누어 본다. 이때 **부모는 아이가 올바른 선택을 할 수 있도록 도움을 주는 역할만 하고, 최종 판단은 꼭 아이 스스로 결정해야 한다. 그래야 스스로 한 결정에 대해 책임감을 느끼고, 투자의 원리를 깨우칠 수 있다.**

펀드를 선택했다면 적립식 펀드와 거치식 펀드 중 선택하는데, 매달 조금씩 용돈을 투자하고 싶다면 일정한 금액을 저축하듯이 투자하는 적립식 펀드에, 용돈을 모아 목돈을 만들어 투자하고 싶다면 거치식 펀드를 선택한다.

넷째, 목표 금액을 정하고 기다린다. 투자를 시작했으면 수익을 얼마나 낼 것인지 분명한 목표를 정한다. 그리고 그 목표를 달성할 때까지 기다리다가 원하는 가격에 도달하면 그때 해당 주식을 팔고 사는 것을 반복한다. 주식투자를 하는 것은 산에 나무를 심는 것과 같다. 나무를 심는 것과 심지 않는 것의 차이는 처음에는 미묘하지만 10년, 20년이 지나면 나무를 심지 않은 황무지 땅과 울창한 숲의 차이만큼 극명하게 나타난다.

또한, 주식을 사서 단기간에 수익이 나지 않는다고 단시간에 팔아 버리는 것은 나무를 심어 놓고 자라기 전에 나무를 뽑아 버리는 것과 같다. 주식을 구입할 때 목표 금액을 정하고 그 금액이 될 때까지 기다리는 것이 중요하다. 그 이유는 세계 경제는 장기적으로 계속 성장하고 있으므로 급하게 사거나 팔지 않고 목표 금액이 올 때까지 기다리다 보면 회사가 망하지 않는 한 그 목표액에 다다를 가능성이 크기 때문이다.

주식투자로 이익이 발생해 돈을 벌면 좋지만, 혹여 손실이 났다면 그것도 배우는 과정이다. 손실이 난 이유를 생각하고 알아봄으로써 투자의 양면성을 배울 수 있다.

아이들의 적은 용돈으로 하는 투자이기 때문에 손실이 생길 경우 그 규모가 크지 않다. 그러므로 아이들에게 있어서 투자 경험은 투자의 속성에 대해서 배우는 기회가 될 것이다. **어린 시절부터 적은 금액으로 투자하고 공부해서 이익이나 손실을 보는 경험을 한 아이는 어른이 되어서 실제로 큰 금액으로 투자를 할 즈음에는 이미 아주 많은 경제 지식과 세련된 투자 감각으로 무장한 현명한 투자자가 되어 있을 것이다.**

올바르게 투자하는 방법

❶ 종잣돈의 목표를 정해서 스스로 모아 보게 한다.
❷ 종잣돈이 모이면 증권회사에서 주식계좌를 만든다.
❸ 투자 방법을 선택한다.
  – 직접투자: 주식 등
  – 간접투자: 펀드 등
❹ 목표 금액을 정하고 기다린다.

04 합리적으로 써요: 소비

워런 버핏, 마크 저커버그, 조지 소로스, 짐 로저스 등 세계 경제를 쥐락펴락하는 유대인도 어릴 때부터 직접 시장에 나가 물건을 팔기도 하면서 살아 있는 경제교육을 받았다고 한다. 아이가 부모로부터 배운 금전 감각은 어른이 되고 나서의 삶과 생활방식 전반에 걸쳐 영향을 미치게 된다.

1) 소비하면서 경제교육해요

물건을 사는 것은 아이나 어른이나 참 즐거운 일이다. 또한, 아이가 원하는 것을 부모에게 사 달라고 하는 것은 건전한 욕심이고 당연한 것이다.

그런데 사 달라고 할 때 아무런 조건 없이 모두 사 주면 어느 새 흔적 없이 꽤 많은 금액을 지출하게 되고 좋은 경제교육을 할 기회를 놓치게 된다. 예를 들어, 아이가 3,000원짜리 물건을 갖고 싶다고 자주 요구할 때 큰 금액이 아니므로 그냥 사 주는 경우가 많다. 처음 한 번은 3,000원을 지출하지만, 일주일에 두 번이면 6,000원이 되고, 그렇게 한 달이면 24,000원이 된다.

아이의 요구가 점점 더 늘어나면 지출액은 점점 더 커질 수밖에 없다. 아이가 성장할수록 원하는 물건에 대한 눈높이는 높아지며, 미디어에 영향을 받는 나이가 되면 멋진 상품광고에 현혹되어 더 많은 물건을 요구하게 된다. 이러한 요구를 다 들어준다면, 계획하지 않았던 소비로 지출되는 금액이 기하급수적으로 늘어나게 된다. 이 돈을 소비만 하지 않고 참고 아껴서 금융상품에 투자했다면 꽤 좋은 수익을 낼 수도 있다.

아이의 요구에 적절히 부응하고 적당히 거절하면서 경제교육을 할 방법은 무엇일까?

첫째, 아이가 물건의 가격에 대해 잘 이해하지 못한다면 집에 비슷한 물건이 있다고 이해시켜서 자제하도록 한다. 싸다/비싸다를 알려면 발달적으로 규칙과 계산이 가능한 만 5세 이후가 되어야 한다. 이보다 더 어린 나이의 아이라면 비싸서 안 된다는 말을 이해할 수 없으므로 같은 물건이 있으니 안 된다고 이해시킨다.

둘째, 예산을 정하고 물건을 산 후 돈이 줄어드는 것을 경험하게 한다. 아이가 너무 좋아해서 사고 싶어 하는 것이 있는데 무작정 안 사 주고 아끼기보다는 아이가 원하는 것을 갖게 하는 것도 좋은 경험이다. 작은 지갑이나 상자에

한 달분의 예산을 넣어 두고 가능한 한 이 안에서 돈을 꺼내서 살 수 있다고 이야기해 준다. 돈을 사용하면 점점 줄어들어 없어져 버린다는 사실을 아이가 경험해야 하므로 중간에 돈을 더 채워 넣으면 안 된다.

이렇게 물건을 살 때마다 상자에서 돈을 꺼내고 돈이 줄어드는 것을 보면서 경험해 보면, 모든 물건을 다 살 수 없으며 하나를 사면 다른 하나를 살 수 없게 된다는 것을 차츰 알게 된다.

이러한 경험이 쌓이면 반드시 사고 싶은 것과 단순히 잠깐 갖고 싶은 것을 점차 구분하게 되고, 정해진 범위 안에서 돈을 쓸 줄 알게 되고, 돈이 얼마나 소중한 것인지 깨닫게 된다.

소비에 대한 경제교육은 상황마다 적절한 방법을 선택하는 것이 중요하다.

소비하면서 경제교육을 하는 방법

❶ 물건의 가격을 발달적으로 이해하지 못하는 나이이면, 비슷한 물건이 있으니 살 필요가 없다고 하여 이해시킨다.

❷ 한 달분의 예산을 정하여 눈에 보이는 지갑이나 통에 넣어 두고, 물건을 사게 하여 돈이 줄어드는 것을 경험하도록 한다.

아동발달 Tip

아이의 감정을 들어주고 표현법을 알려 주는 경제교육

아동은 아직 이성보다 감성이 앞서는 시기이고, 점차 어른이 되면서 이성의 영역도 커져 간다.
소비에 대한 경제교육 중에 마음대로 못 사는 것이 생기면 아이는 그 상황을 이성적으로 이해하다가도 감정적으로 화를 내거나 짜증을 낼 수 있다.
아이가 감정을 표현하는 것은 자연스러운 일이기 때문에 부모는 아이의 감정을 있는 그대로 수용해 주고, 표현할 수 있는 분위기를 만들어 주는 것이 매우 중요하다.
아이가 감정을 표현할 때는 아이의 감정과 생각을 나누고 적절한 표현법을 알려 주는 것이 좋다.

"우리 수민이가 속상했구나. 왜 속상한지 말해 주렴."
"○○○ 때문에 속상했구나. 아빠랑 ○○○ 가지고 놀까?"
"수민이 기분이 그랬구나. 엄마가 꼭 안아 줄게."

부모가 아이의 감정을 적절히 읽어 주고 대화하면 아이는 스스로 감정을 조절하고 잘 표현하는 능력을 갖출 수 있을 것이다. 그리고 올바른 감정 표현과 감정 조절은 자기 절제로 이어져 스스로 소비를 통제할 수 있는 바른 소비 습관으로 이어진다.

2) 용돈을 쓰면서 스스로 배워요

현서네 이야기

오늘은 모처럼 일찍 퇴근한 날! 현서와 함께 자전거를 타기로 했다.
초등학교 3학년인 현서는 언제 이렇게 컸는지 부쩍 커서 혼자서도 자전거를 잘 타고 제법 속도를 내는 멋진 사나이가 되었다.
얼마나 열심히 놀았을까.
난 목이 마르고 현서는 아이스크림을 먹고 싶어 해서 근처 편의점에 들렀다.
편의점에서 만난 현서 친구가 말했다.
"현서가, 제가 싫다고 하는데, 자꾸 아이스크림을 사 달라고 해요."
이 말을 들은 현서는 부끄러워하며 밖으로 나가버렸다.
현서의 부끄러움이 고스란히 내게도 전달되어 나도 함께 얼굴이 빨개졌다.
"현서가 그랬구나. 현서에게 그렇게 하지 말라고 말할게. 말해 줘서 고마워!"
현서가 왜 그랬을까 곰곰이 생각해 본다.
아무래도 현서의 용돈이 부족한 듯하다.
500원이었던 아이스크림이 700원이나 1,000원으로 올랐으니까.
집에 가서 가족회의를 해야겠다.
가족회의를 하면서 적당한 용돈 범위를 의논해서 다시 정해야겠다.

현서의 부모님은 참 자상하고 지혜롭다는 생각이 든다. 현서의 경우처럼 아이의 용돈이 너무 적다고 느껴지면 가족회의를 통해서 의논하고 적정한 용돈의 규모를 정한다. 적정한 용돈을 정한 후에는 아이 스스로 용돈의 액수에 맞게 자율적으로 사고 싶은 것을 살 수 있어야 한다. 아이들이 용돈을 쓰는 곳은 대부분 어른이 보기에는 쓸모없어 보이고 사지 않았으면 하는 것이다. 군것질거리, 만화책, 스티커 등이며, 산 물건 자체보다 부록으로 주는 장난감이나 사진, 스티커 때문에 구입하는 경우도 많다.

이럴 때 딱 꼬집어서 효율적이지 않다고 말하고 싶지만, 그러면 소비를 하면서 부모의 눈치를 살피게 되니 효과적인 경제교육이 되기 어렵다. 그냥 지나가는 말처럼 "효율적인 소비는 아니네." 정도만 말해 주고, 그래도 아이가 그것을 좋아한다면 그냥 내버려 둔다. 이후 불필요하게 산 장난감을 사용하지 않고 방치해 둘 때 그 구입이 별로였다고 한마디 조언해 준다. 아이는 소비 경험을 통해서 자연스럽게 스스로 깨닫게 된다.

개인적인 경험을 이야기하면, 저자의 두 딸은 옷을 사는 것을 좋아하며 실제로 많이 사기도 한다. 어느 날 아이들의 옷장을 정리하려고 열어 보니 그 안이 꽉 차 있었다. 그중에는 오랫동안 입지 않은 옷도 있고, 비슷한 스타일의 옷이 여러 벌인 경우도 있었다. 옷장이 꽉 차니 옷을 쉽게 찾을 수 없어 입을 옷이 없는 것처럼 느껴져서 새로운 옷을 사는 악순환을 반복하고 있었다.

그래서 규칙을 정하기로 했다. 당분간 옷장에 여유 공간이 생기고 어디에 어떤 옷이 있는지 한눈에 들어올 때까지 옷을 사지 않기로 하였다. 그리고 옷을 구입할 때는 기존의 옷 중에서 필요하지 않은 두 가지를 재활용함에 넣고, 새 옷 하나를 사는 것으로 약속했다. 아이들은 약속을 지키기 위해 옷을 사려고 할 때 먼저 옷장을 둘러보면서 재활용함에 넣을 옷을 골랐다. 자연히 옷장에 어떤 옷이 어디에 걸려 있는지 알게 되고, 관리도 수월해졌다. 기존에 가지고 있던 옷을 잘 코디하는 새로운 아이디어가 떠올라 굳이 새 옷을 살 필요가 없다는 것도 알게 되었다. 이렇게 **바른 소비 습관을 기르기 위해서는 시간을 두고 스스로 경험하는 것이 매우 중요하다.**

일찍 시작하는 것이 저축에도, 투자에도, 소비 습관에도 중요한 이유는 시간이 지날수록 경험이 쌓여서 스스로 좋은 경제 습관을 지니게 되기 때문이다. 이처럼 경제에서 시간은 정말 중요하다. 아이들은 어른보다 앞으로 더 많은 시간이 있다. 우리 아이들이 일찍 경제 경험을 시작하게 되어 그 경험이 점차 쌓이게 된다면, 부모보다 더 합리적인 경제인으로 성장하게 될 것이다.

아동발달 Tip

용돈으로 수학교육 쉽게 하기

용돈교육의 좋은 점은 자연스럽게 수학교육이 된다는 것이다. 특히 유아기는 구체물을 통해 사물을 지각하고, 개념을 형성하고, 추론하는 활동을 통해 인지를 발달시키는 시기이다. 따라서 유아기의 아이에게 있어서 구체적인 대상 없이 머릿속으로만 생각하는 것은 매우 어려운 일이다.

가정에서 아이와 함께하는 빨래 분류하기, 엄마 물건과 아빠 물건 나눠 보기, 식사를 위해 숟가락, 젓가락 놓기 등은 아이에게 수학의 기초가 된다. 빨래 분류하기, 엄마와 아빠의 물건 나눠 보기는 대응과 분류 개념이고, 숟가락과 젓가락 놓기는 1대1 대응 개념의 형성을 도와준다.

용돈으로 물건을 사고 계산하는 경험을 통해 숫자 계산이 안 되는 어린 시기에는 많고 적음의 개념을 익히게 되고, 좀 더 커서 숫자 계산이 되는 시기가 되면 구체적으로 덧셈, 뺄셈을 해 보면서 실생활에서 쉽게 수학을 접하고 개념화할 수 있다.

수학책에 나오는 숫자보다 돈의 단위가 훨씬 더 큼에도 아이들이 흥미를 갖고 어렵지 않게 개념을 익히는 모습을 보면 재미있고 신기하다.

3) 돈을 빌려서 갖고 싶은 것을 샀어요

솔비네 이야기

솔이와 솔비는 다정한 남매이다.
어느 날 편의점 앞을 지나는데 동생 솔비가 가장 좋아하는 캐릭터 인형의 새로운 아이템이 나온 것을 발견했다.
솔비는 두근두근하는 마음으로 용돈을 세어 보았다.
"힝! 내가 갖고 있는 용돈으로는 새로 나온 인형 아이템을 살 수 없어. 다음 달에 엄마가 용돈 주실 때까지 기다리다가 인형 아이템이 다 팔리면 어쩌지? 아이!"
이 모습을 지켜보던 오빠 솔이가 솔비에게 제안했다.
"솔비야! 오빠가 용돈을 빌려줄까? 지금 오빠한테 2,000원이 있으니 1,000원을 빌려줄게. 대신에 이자는 하루에 500원이야!"
솔비는 고민에 빠졌다.
다음 달이 되려면 아직 10일이나 남았는데 하루에 500원씩 이자를 계산하면 다음 달 용돈을 거의 쓸 수가 없다.
지금 당장 인형 아이템을 사지 않으면 품절되어서 사지 못할 수도 있고, 오빠에게 용돈을 빌리자니 이자가 너무 커 다음 달 용돈이 부족하다.
참 난감한 상황이다.

우리 어른들도 갖고 싶은 물건이 한정판으로 나왔을 때 구입하려고 미리 계획해서 모아 놓은 돈이 없다면 카드 할부로 결제하는 경우가 있다. 아이들은 미성년자이므로 은행이나 기관에서 돈을 빌릴 수는 없지만, 부모님이나 형제에게 돈을 빌려서 갖고 싶은 것을 사려고 할 수 있다.

솔비처럼 간절하게 사고 싶은 것이 있지만, 돈이 모자랄 때 한두 번 정도는 부모님이 빌려줄 수 있다. 예를 들어, 장난감 자동차를 사려고 돈을 모으고 있는데 어느 기간에 갑자기 할인을 해서 그 안에 사는 것이 효율적이거나, 그 제품이 한정판으로 출시된 경우이다. 다만, 빌려준 금액은 반드시 다시 받거나 다음 용돈에서 제해야 한다. 빚진 상태가 오래가지 않도록 가능한 한 빨리 해결하는 것이 좋다. **부모가 용돈을 지급하는 것 자체가 경제교육을 하기 위한 것이므로, 가족 사이에 오간 돈이라도 명확하게 구분하여 돈의 소유 개념에 관해 교육한다. 어린 시절에 명확한 소유 개념을 형성한 아이는 사회생활을 할 때도 돈을 신중하게 관리하는 습관을 그대로 유지할 수 있다.**

아이가 조금 더 커서 중학생이 된다면 오빠 솔이의 제안처럼 은행과 비슷한 이율로 이자를 받는 방법을 취하는 것도 좋다. 이러한 방법이 아이 입장에서는 너무하다고 볼 수 있지만, 이자의 개념을 알게 해 주어 무리해서 돈을 빌리지 않고 평소에 돈을 잘 관리하는 습관을 들일 수 있다.

성인이 되어 독립한 후 살아가야 하는 실제 세상은 돈을 빌리면 이자를 더해서 갚는 것이 일반적이다. 가정에서부터 적은 돈으로 이자 개념을 경험하게 해 주는 것이 진정한 경제교육이고 경제습관교육의 핵심이다.

아동발달 Tip

이자를 경험할 수 있는 환경을 제공해 보세요

'이자'의 개념을 아이에게 설명하는 것은 쉽지 않다.

월 소득이 200만 원인 사람이 10% 이상의 금리로 돈을 빌리는 경우, 빌린 돈이 월급의 10배를 넘으면 결국 그 돈을 갚지 못하게 될 확률이 크다. 그만큼 경제생활을 할 때 이자를 알고 계산해서 계획하는 것이 중요한 것이다.

이자는 돈에 대한 사용료의 개념이므로 어린 시절부터 이자를 경험하게 해 주는 것이 좋다. 은행이나 증권회사를 갈 때 아이와 함께 가서 예금, 출금을 해 보면서 이자가 붙는 것을 통장에서 직접 확인하게 한다. 또한, 금융기관에 방문했을 때 새로운 상품에 대한 설명을 함께 들으면서 자연스럽게 이자 개념을 익히는 것도 좋은 방법이다.

앞 사례의 오빠 솔이처럼 이자를 높게 정하는 것은 안 되지만, 가상으로 딜레마 상황을 만들어서 아이들과 게임을 해 보면 재미있게 이자 개념을 알려 줄 수 있다. 모형 돈을 만들어서 은행 놀이를 하면서 빌려주고 통장에 원금과 이자를 계산하여 기록하는 게임을 해 보면, 아이는 놀이를 통해 자연스럽게 이자를 계산하는 방법과 이자의 개념을 익힐 수 있다.

4) 물건을 산다는 것은 물건을 얻고 돈을 잃는 것

우리의 조부모님 세대는 소비교육에 대해서 생각할 필요가 없었다. 왜냐하면, 풍요롭지 않은 시기여서 대부분 가정에서 하는 소비란 기본적인 의식주가 전부였고, 삶에 필요한 것을 살 수만 있다면 행복했기 때문이다.

오늘날 우리는 기본적인 의식주가 해결되었지만, 그것에 만족하지 못하고 물질에 대한 욕구를 충족하고자 무분별하게 소비하기도 한다. 기업 또한 이러한 소비 심리를 이용하여 다양한 마케팅 전술을 쏟아내어 불필요한 소비를 조장하기도 한다. 따라서 우리 아이들이 이러한 상황에 휘둘리지 않고 현명하며 합리적인 소비자로 자라날 수 있도록 소비교육이 필요하다.

소비의 궁극적인 목표는 아예 쓰지 않을 수 있다면 가장 잘하는 소비라 말할 수 있다. 그러나 **현대사회에서 소비를 하지 않는 것은 불가능한 일이다. 아예 쓰지 않는 궁극적인 목적과 타협하여 알뜰하게 잘 쓰는 현명한 소비를 목표로 하는 것이 좀 더 타당할 것이다.** 그렇다면 알뜰하게 잘 쓰는 현명한 소비란 무엇일까? 바로, 시간이 흘러도 후회하지 않는 소비를 말한다. 현명한 소비를 위해 물건을 사기 전에 다음의 세 가지를 자신에게 질문해 보면 좋을 것이다.

첫째, "이 물건이 없으면 곤란한가?"

더운 여름, 집에 가는 도중에 아이스크림 가게를 지나가면서 충동적으로 아이스크림을 사 먹고 싶은 생각이 든다. 이때 '이 물건이 없으면 곤란한가?'를 생각해 보자. 조금만 참고 집에 가면 이미 사 놓은 아이스크림을 시원한 에어컨 밑에서 먹을 수 있다는 생각에 당장 소비하지 않고 집으로 발걸음을 옮긴다.

둘째, "이 물건이 정말 갖고 싶은가?"

물건을 사고 싶은 충동이 생길 때 '이 물건이 정말 갖고 싶은가?'라고 생각하는 시간을 갖다 보면 그 물건이 갖고 싶은 생각이 줄어들거나 없어지는 경우가 많다. 그래서 홈쇼핑에서는 이렇게 생각하는 시간을 최소화하기 위해서 지금 바로 주문하라고 부추기는 것이다. 인터넷쇼핑의 경우 장바구니에 담아 놓고 하루 이틀 정도 지난 후에 장바구니를 열어 본다. 다시 이 물건이 정말 갖고 싶은지를 생각해 보면 아마 대부분 갖고 싶다는 생각이 사라졌음을 알게 된다.

셋째, "이 물건을 살 때 얻는 것은 무엇이며, 사지 않을 때 얻는 것은 무엇인가?"

흔히 소비는 '물건을 사는 것'이라고 생각하지만, 소비의 다른 면은 '지출'이다. 물건을 산다는 것은 그 물건을 얻는 대신 '돈'을 잃는 것이다. 물건이 꼭 필요해서 샀다면 물건에서 효용을 얻는 기쁨도 있다. 반대로, 꼭 필요하지는 않다고 판단하여 물건을 사지 않았다면 순간의 감정을 참아내고 불필요한 물건을 사지 않았다는 뿌듯함과 나중에 정말로 필요한 물건을 살 기회를 얻게 된다. 이처럼 긍정적인 메시지로 바꾸어 주면 좋은 소비교육이 된다.

현명한 소비를 위해 생각해 볼 세 가지

❶ 이 물건이 없으면 곤란한가?
❷ 이 물건이 정말 갖고 싶은가?
❸ 이 물건을 살 때 얻는 것은 무엇이며, 사지 않을 때 얻는 것은 무엇인가?

아동발달 Tip

아이가 스스로 생각하고 소비하게 해 주세요

앞에서 설명한 소비하기 전에 하는 세 가지 질문을 아이가 스스로 한다면 정말 좋은 교육이 된다.
그러나 자칫 부모가 이 세 가지 질문에 대한 대답을 대신 생각해 주는 상황이 된다면 용돈을 주고 소비를 스스로 해 보게 하는 교육의 의미가 사라져 버릴 수 있다. 아이가 스스로 생각할 수 있도록 아이의 의견을 들어주고 질문해 주는 것이 좋다.

"네 생각은 어때?"
"아, 그렇게 생각했구나."

아이의 의견을 물어보고 아이가 생각하고 결정한 대로 하게 한다. 처음에는 잘못된 결정을 내릴 수 있으나, 그 또한 경험을 통해 깨닫게 되면서 자립심을 갖게 된다. 이처럼 아이의 의견을 충분히 잘 들어주고 인정해 주면, 아이는 어느 순간부터 스스로 생각하는 독립적인 인격체로 자라난다.

5) 사랑과 선물이 혼동될 수 있어요

"아빠! 저랑 놀아요."
"아빠 이것만 하고. 혼자 잘 놀면 아빠가 게임기 사 줄게."

"엄마! 저 이불 정리 잘했어요."
"좋아! 엄마 말 더 잘 들으면 엄마가 인형 사 줄게."

시간이 없는 맞벌이 부부의 경우 아이와 이런 대화를 주고받기 쉽다. 이 대화처럼 아이와 시간을 보내는 대신 장난감을 사 주거나 말을 잘 들으면 무언가를 보상해 주는 것은 그 선물에 담긴 사랑과 존중의 의미보다는 선물 자체에만 의미를 두게 되어 어떤 상황이 되면 당연히 선물을 받아야 하고 스스로 해야 할 일도 부모님과 거래를 하려고 할 수 있다.

어른 사이에서도 선물은 사랑과 존중의 표현이므로, 선물은 삶에서 매우 중요한 의미가 있다. 할머니가 주신 생일선물, 엄마, 아빠가 출장 다녀온 후 가져온 선물, 크리스마스 선물처럼 아이들도 이러한 사랑의 표현을 받아야 한다. 그러나 아이에게 필요한 가장 중요한 것은 사랑과 안전, 존중에 대한 경험이다. 또한, 많은 배려와 스킨십, 놀이와 뛰어놀 시간이다.

아이에게 필요한 것은 무엇보다도 사랑하는 부모님과 함께 보내는 시간과 대화이다. 예를 들어, 크리스마스 선물을 준비할 때 12월이 시작되는 시점부터 날짜를 세면서 크리스마스에 관해 이야기하고 준비하는 시간을 가져보는 것이 좋다. 교육기관에서 12월이 되면 산타할아버지 얘기를 하면서 여러 가지 활동을 통해 기대감을 갖도록 교육활동을 하는 것도 이러한 이유 때문이다.

아이는 크리스마스를 기다리며 부모님과 함께 축제나 트리, 선물을 준비하는 그 시간 자체를 즐거워한다. 또 소원 리스트를 작성하고 남들에게 무엇을 선물할지 생각하는 시간을 갖는 것도 좋다. 아이는 이렇게 여러 과정을 통해 선물을 기다리고 선물을 받을 때 '나는 사랑받고 있어. 그래서 내가 좋아하는 선물도 받을 수 있어.', '나도 다른 사람에게 내 사랑을 느끼고 즐거워할 수 있는 선물을 주어야겠어.' 하고 생각하게 된다. 이러한 과정을 통해 선물은 물질적 가치뿐만 아니라 선물하는 사람의 사랑과 정성이 담겨 있다는 사실을 배우게 된다.

아이와 부모가 사랑을 느끼는 대화의 시간을 가지면서 함께 준비하는 선물은 그냥 물건이 아니라 마음이 담긴 소중한 기념품이다.

아동발달 Tip

의미 없는 선물 대신 아이와의 시간을 가져요

아이가 혼자 노는 시간이 길어지면, 두뇌 자극이 적어서 발달과 행동 면에서 소극적인 성격이 될 수 있다. 그래서 아이에게는 어느 정도의 자극이 꼭 필요하다. 가정에서 아이와 다음과 같은 활동을 함께하면 즐거운 시간을 보내면서 두뇌활동을 활발하게 자극할 수 있다.

- **신나게 발 싸움**

  소파에 누워서 TV를 보거나 쉴 때 할 수 있는 놀이이다. 아이와 엄마 또는 아빠가 소파 양쪽에 있는 팔걸이에 각각 머리를 베고, 발은 소파 가운데로 향하게 눕는다. 서로 발을 맞대고 있다가 게임을 시작하면 힘을 주어 서로의 발을 밀어붙인다. 발에는 촉감이 몰려 있기 때문에 아이에게 많은 자극이 되며 발과 다리의 힘을 발달시킬 수 있다.

- **비행기 놀이**

  어린 시절 많이 해 본 비행기 놀이이다. 엄마나 아빠가 바닥에 누워서 팔다리를 위로 뻗어 그 위에 아이를 태운다. 아이와 손을 맞잡고 다리는 아이의 몸통을 받쳐 균형을 잘 잡는다. 팔다리를 움직여 주면 아이가 하늘을 나는 느낌이 들어 즐거워한다. 특별한 기구 없이도 할 수 있는 놀이로, 아이와 부모가 눈을 마주치고 손을 맞잡음으로써 서로 교감을 할 수 있고, 균형감도 키울 수 있으며, 오감도 촉진되어 아이의 발달에 좋다.

아이에게 가장 필요한 것은 시간을 대신하는 선물이 아니라 부모와 함께하는 시간과 사랑을 느끼는 대화이다.

6) 아이가 잘못된 소비를 하면 어쩌죠?

수민이 이야기

저는 수민이입니다.

저는 오늘 기분이 좋아요. 오늘은 기다리고 기다리던 용돈을 받는 날이거든요.

며칠 전에 소희랑 문방구에 갔는데 예쁜 스티커가 많이 나와 있고, 먹고 싶은 과자도 많아서 너무너무 사고 싶었거든요.

빨리 엄마한테 용돈을 받아서 문방구로 달려가야겠어요. 그리고 편의점에 가서 새로 나온 과자도 사야겠어요. 거기에는 멋진 캐릭터 인형이 들어 있거든요.

하교 시간이 가까워지자 선생님 말씀도 귀에 잘 들리지 않아요. 드디어 학교를 마치고 집으로 달려갑니다.

"야호! 달려, 달려!"

집으로 달려가서 엄마한테 기다리고 기다리던 용돈을 받았어요.

바로 문방구로 달려가서 먼저 스티커를 사고, 편의점에 갔어요.

과자마다 여러 가지 캐릭터 인형이 다르게 들어 있어요.

"좋아! 과자를 여러 개 사서 캐릭터를 모아야겠다."

앗! 그러고 보니 용돈을 오늘 하루에 모두 써 버렸네요. 내일 학교 준비물을 살 용돈이 남아 있지 않아요. 어쩌죠?

수민이의 사례처럼 아이가 용돈을 받고 소비를 시작하면 자신이 좋아하는 과자, 캐릭터 스티커가 얼마인지 알게 된다. 그러나 돈의 많고 적음과 비싸거나 싼 가격의 정도, 유익하거나 의미 없는 구입에 대해서는 매우 느리게 발달한다. 이것은 어른도 많이 발달되어 있지 않다고 할 수 있다. 수입 이상의 물건, 예를 들어 고가의 자동차나 브랜드의 옷 등을 갖고 싶었던 경험이 한 번쯤 있을 것이다.

아이에게 용돈을 주고 스스로 물건을 사게 했을 때 초기에는 수민이처럼 잘못된 소비를 하게 되는데, 이것을 교육의 기회로 삼아 본다. 다음과 같은 조언을 통해 의미 있고 현명하게 소비하도록 도와준다.

첫째, 가격 차이를 알려 준다.

"이 음료수는 편의점에서 사면 슈퍼에서 사는 것 보다 20%가 더 비싸."

"이 음료수가 먹고 싶으면 조금 더 싸게 파는 슈퍼에서 사는 건 어떨까?"

둘째, 인내하고 비교하는 법을 가르쳐 준다.

"더 마음에 드는 것이 없는지 한 번 더 둘러보자."

"한 주 더 기다려서 용돈을 모으면 더 커다란 플레이 세트를 살 수 있어."

셋째, 대안을 제시해 준다.

"그 책은 동네 작은 도서관에 있으니 빌려볼 수 있겠다."

"장난감 대여점에 함께 가서 대여해서 놀아 볼까?"

이때 중요한 점은 부모는 조언자의 역할이지 결정을 해 주는 역할을 하면 안 된다. 앞의 세 가지 대로 해 주되 반드시 아이가 선택하도록 한다. 아이가 스스로 결정하도록 돕고, 스스로 선택한 결과에 대해 책임지도록 하면서 그 결과에 공감하고 동행해 준다. 이러한 경험이 여러 번 쌓이면 아이는 잘못된 소비를 경험 삼아 점점 더 합리적인 소비를 할 수 있다.

아동발달 Tip

용돈 교육 시 아이와 사이좋아지는 대화법

아이가 의미 있는 소비를 알고 실천하는 데는 많은 시간이 필요하다. 그래서 용돈을 주고 소비교육을 하다 보면 아이와 의견이 달라 부딪치는 일이 많이 생긴다. 이럴 때 사이좋게 대화로 풀어 가기 위해서는 다음의 두 가지를 기억해 두자.

• 아이의 말을 집중해서 듣기

아이와의 대화는 어디로 튈지 모르는 공과 같다. 어떤 대답이 나올지 어떤 질문이 나올지 모르기 때문에 집중해서 아이의 말을 들어 주어야 한다. 아이의 질문이나 대답하게 된 이유를 잘 듣고 파악한 후에 부모의 생각을 잘 전달한다.

• 부모의 뜻을 구체적이고 정확하게 전달하기

부모가 원하는 바가 무엇인지 정확하게 전달되지 않으면 아이들의 바람직한 행동 변화를 꿈꿀 수 없다. 부모는 자신이 생각한 바를 이유를 들어 구체적으로 설명해 주고 정확하게 말해 준다.

주의할 점은 부모의 생각을 잘 전달하기 위해서 아이의 잘못을 탓하거나 야단치는 방향으로 흘러가지 않도록 하고, 바람직한 행동 방향에 대해서 이야기해 준다. 그리고 선택은 반드시 아이가 하도록 한다.

7) 아이와 마트에 가기가 무서워요

저자의 둘째 아이가 두 돌이 지날 무렵의 일이다.

맞벌이를 했던 우리 부부는 형님께 아이를 맡기고 일을 하는 상황이었다. 둘째는 태어난 지 얼마 되지 않은 시기부터 평일에는 형님네에서 살고, 주말에만 집에서 엄마, 아빠와 생활을 했다. 형님네 부부는 아기를 워낙 좋아하는데다 우리 둘째 아이가 늦둥이처럼 느껴지셨는지 많이 예뻐하며 길러 주셨다. 그래서 아이가 원하는 것은 뭐든 다 들어주고, 아이가 하는 말은 천사의 말인 양 반응해 주셨다. 그 덕분에 아이는 애교도 많고 사랑을 주고받을 줄 아는 아이로 잘 자랐다.

아이가 두 돌이 지날 무렵 우리 가족은 주말가족을 완전히 벗어났다. 온전히 집에서 지내면서 아이가 내 양육방식에 적응해 갈 즈음에 함께 마트에 갔다. 집안 모두의 사랑을 독차지한 아이는 마트에서도 본인이 갖고 싶은 건 모두 가져야 하는 것으로 알고 있었다. 내가 몇 가지 정해진 것만 사야 한다고 말하자 받아들이지 못하고 분노하더니 급기야 터지고 말았다. 마트 바닥에 드러누워서 큰 소리로 울고 떼를 쓰기 시작하였다. 전문가라 자처하는 나도 이 상황은 참 당황스러웠다. 당황한 마음을 진정시키고, 떼를 쓰면 아무것도 사 줄 수 없다고 말해 주고, 아이를 무작정 데리고 나와서 집으로 왔다.

아이는 마트에서 아무것도 사지 못한 채 억지로 집에 온 것이 너무나 화가 났는지 커다란 곰돌이 인형에 얼굴을 묻고, 인형을 때리면서 한동안 울며 떼를 썼다. 한참 떼를 쓰고 난 아이가 진정하자 마트에서 모든 것을 살 수는 없으며, 미리 정한 것만 사는 것이라고 설명해 주었다.

이 일이 있고 난 뒤에 마트에 가면 아이는 이렇게 말했다. "엄마, 마트에서는 하나만 사는 거죠?" 엄마로서 참 마음 아픈 사건이었지만, 아이는 이후로 스스로 이성적으로 절제하는 법을 배우게 되었다. 시간이 많이 지났지만 그때 곰돌이 인형에 기대어 울면서 속상해하는 아이의 마음을 받아 주지 않았던 상황을 생각하면 지금도 마음 한쪽이 아려 오기도 한다.

마트에 가면 가끔 떼를 쓰는 아이와 기 싸움을 하다가 결국 아이에게 져서 물건을 사 주는 광경을 자주 보게 된다. 이런 일이 반복되면 좋지 않은 습관이 몸에 배어 경제교육이나 인성교육에서 좋지 않은 영향을 미친다. 마트에 가기 전에 아이와 마트에서 무엇을 살지 계획하고, 계획한 대로 물건을 구입하는 것이 좋다.

첫째, 아이와 함께 필요한 것과 꼭 필요하지는 않지만 사고 싶은 것을 미리 이야기한다. 이야기를 나눈 후 필요한 것은 오늘 몇 개를 살지 결정하고, 꼭 필요하지 않지만 사고 싶은 것은 언제쯤 어떻게 살지를 함께 계획한다.

둘째, 꼭 필요한 것은 아니지만 사고 싶은 것이 있다면 다른 대안이 있는지 이야기를 나눈다.

셋째, 이러한 대화를 충분히 나눈 후에 마트에서 사야 할 목록을 작성한다. 가능하면 목록 외에는 사지 않도록 한다.

이렇게 의논하고 목록을 작성해서 마트에 가면 아이와 기 싸움이 훨씬 줄어들 뿐 아니라 충동구매의 유혹에 쉽게 넘어가지 않을 수 있다.

아동발달 Tip

아이가 마트에서 떼를 써요

마트가 아니어도 아이가 떼를 쓰고 고집을 부리는 상황은 자주 있다.

아이들이 떼를 쓰는 것은 성장 과정이므로 당연한 일이다. 아이들은 표현하고 싶은 것을 어떻게 표현해야 할지 몰라 떼를 쓰기도 한다. 그런데 떼를 쓸 때 아이가 원하는 것을 모두 들어주게 되면, 아이는 떼를 쓰면 원하는 것을 얻는다고 인식하여 점점 그것이 습관화되어 버릴 수 있다.

아이가 적절하지 않게 떼를 쓴다면 아이 주위에 있는 위험한 물건은 잠시 치워 두고 아이가 떼를 쓰는 것을 그냥 두는 것이 좋다. 시간이 지나 아이가 진정되면 그때 대화를 나누어 자기의 요구를 떼쓰는 것이 아닌 말로 표현하도록 한다. 대화를 나눈 후 마지막으로 아이를 따뜻하게 안아 주고, 아이가 떼를 썼던 상황에 대해 이야기하며 아이의 마음에 공감해 준다.

이 마지막 과정을 생략하면 안 된다. 생략할 경우 아이는 잘못한 것이 없는데도 엄마, 아빠가 자기에게 화를 냈다고 생각할 수 있다. 반드시 꼭 안아 주고 그 상황에서의 아이 마음에 공감해 준다.

8) 카드 사용 어떻게 하세요?

자동차나 비싼 물건을 살 때 우리는 할부제도를 많이 이용한다. 비싼 물건을 사기 위해서 돈을 모아서 사는 것이 아니라 할부해서 카드로 결제한다. 어린 시절 본 외국 영화에서 고급 레스토랑에서 식사한 후 현금을 내지 않고 카드를 내밀며 멋지게 사인만 하고 가는 장면에 문화적 충격을 받았던 기억이 있다. 신용카드가 보편화된 지금은 이런 장면을 보고 그런 느낌을 받았다고 하면 이상하게 들릴 수 있겠다.

우리 사회는 신용카드 문화에 젖어 있다. 목돈이 들어갈 일이 있으면 돈을 모아서 사는 것이 아니라 신용카드로 먼저 할부 결제하고 천천히 갚는다. 많은 사람이 그렇게 하기 때문에 당연하게 여기겠지만, 이것은 엄밀히 말하면 빚을 지고 이를 이자까지 더해서 갚는 것과 같다.

한 번 신용카드 할부를 사용하게 되면 비싼 물건을 구입할 때 부담이 적게 느껴지고, 일단 돈이 나가는 것이 눈에 보이지 않기 때문에 쉽게 물건을 구입하게 된다. 부모님이 저축하는 모습보다 신용카드로 소비하는 모습을 아이에게 보여 준다면 아이들은 저축의 소중함을 알기가 어렵다. 비싼 물건을 살 때는 미리 계획하고 저축해서 돈이 마련되었을 때 그 물건을 구입하는 것이 정석이다. 신용카드로 할부 구매하는 것은 빚을 지고 이자도 함께 갚는 것임을 아이들에게도 알려 준다. 생활의 편리함을 위해서 카드를 사용할 때는 신용카드의 할부 결제가 아니라 통장의 잔액에서 바로 결제되는 체크카드를 이용하는 것이 좋다.

월급을 받으면 기본 생활비와 저축을 먼저 빼고 남은 돈을 여윳돈으로 생각해야 한다. 소비를 먼저하고 남는 돈으로 저축하는 것이 아니라 수입의 몇 %는 수입의 규모와 상관없이 반드시 먼저 저축하고 나머지로 소비를 시작해야 한다. 아이들에게도 용돈을 받으면 우선 투자하고 저금한 후 남은 돈을 소비하도록 지도한다. 그래서 용돈을 책정할 때는 저금과 투자할 돈을 용돈에 포함해 준다. 용돈의 30%는 저금하고, 30%는 투자하라고 기준을 정해 주는 것이 좋다.

나라의 경제가 복잡하지 않았던 과거에는 나라가 잘살면 모든 사람이 같이 잘살고, 어려워지면 모든 사람이 같이 어려워지는 경향이 있었다. 그러나 현대는 나라 경제가 어려워져도 잘사는 사람을 여전히 잘살고, 경제가 좋아져도 어려운 사람은 여전히 어렵다. 우리의 아이들이 살아갈 미래 사회는 이 양극화 현상이 심화되어서 어떤 개인이 잘사는 것은 그 사람의 노력 덕이고, 못 사는 것도 그의 책임이라고 하는 사회가 될 것이다. 그래서 어린 시절부터 용돈을 이용한 경제 습관 들이기가 중요하다.

용돈이건 월급이건 수입이 있으면 저축을 먼저하고 소비하는 습관을 들이는 것이 중요하다. 저축은 경제 상황이 바뀌어도 위험을 줄여주는 유일한 방패이기 때문이다.

9) 빚에도 종류가 있어요

교육현장에서 근무하면서 가장 힘든 상황은 부모가 이혼하는 과정에 있는 아이의 모습을 곁에서 지켜볼 때이다. 이 상황에 놓인 부모는 자신이 너무 힘들 때여서 아이가 느끼는 감정을 돌보지 못한다. 그래서 아이가 매우 불안해하고 힘들어하는 모습을 고스란히 보게 되는데 마음이 아플 때가 참 많다.

이혼 가정 중 90%가 금전 문제로 헤어진다는 통계가 있다. 사랑으로 만나 가족이 되었지만, 자본주의 사회에서 살고 있는 우리에게 금전 문제는 피할 수 없고, 무시할 수 없는 중요한 문제이다. 그러므로 계획적인 소비와 저축을 어린 시절부터 배우고 익히는 것이 무엇보다 중요하다.

"빚도 자산이다."라는 말을 가끔 듣는다. 실제로 기업에서는 재무제표에 빚을 자산 목록으로 넣어서 계산하기도 한다. 그러나 일반 직장인인 우리에게는 해당하지 않는 이야기이다.

기업의 경우 어느 정도 자산이 쌓인 후에 더 많은 이익을 위해 빚을 져서 투자한다. 예를 들면, 물건을 생산하는 회사에서 기술을 개발해 판매가 늘어났을 때 빚을 내서 생산라인을 증축하고, 그 증축한 생산라인에서 나오는 이익이 대출보다 더 큰 이익을 남기는 것을 말한다.

그러나 평범한 직장인은 월급이라는 일정 금액의 수입이 정해져 있고, 빚을 내서 수입을 보장받기는 어렵다. 그리고 만약 빚으로 인해 가계에 구멍이 난다면 메우기 어려울 수 있다. 빚을 내서 생활비로 썼다면 수입이 정해져 있는 직장인으로서는 갚을 수 없는 최악의 상황에 놓이게 될 수 있다. 그러므로 **평범한 직장인의 경우 갚을 수 있는 범위 내에서 적절하게 빚을 활용해야 한다. 기업이나 어느 정도의 자산이 쌓여 있어 여윳돈으로 재테크를 하는 경우가 아닌 이상 우리는 빚의 무서움을 알고 아이들에게도 교육해야 한다.**

아이가 보고 싶어 하는 영화가 개봉했는데 용돈으로는 부족하다고 이야기한다. 용돈을 모아서 그 영화를 보려면 영화가 끝나버린다고 하며 부모에게 용돈

을 가불해 달라고 요구한다면 어떻게 해야 할까? 이런 경우에는 가불해 주지 않는 것이 좋다. 가불은 신용카드를 쓰는 것과 같다. 가불이 허용되면, 성인이 되어서도 카드의 현금서비스를 받아서 쓰는 것을 아무렇지도 않게 생각할 수 있다. 카드 현금서비스를 받아 본 사람이라면 이자가 얼마나 큰지 그리고 일명 '카드 돌려 막기'를 통해서 여러 카드를 써서 빚을 '0'으로 만드는 일이 얼마나 어려운지 알고 있을 것이다.

급하게 돈이 필요한 경우에 힘이 되는 것이 비상금이다. 이런 경우를 생각해서 비상금을 모아 두는 것이 가장 좋은 방법이다. 비상금을 모아 두지 않은 아이에게 이런 돌발 상황이 생긴다면 포기하도록 하는 것이 원칙이지만, 그보다는 아이와 협의해서 돈을 빌릴 것인지, 포기할 것인지를 스스로 선택하게 해 준다. 이때 아이가 돈을 빌리겠다고 선택하면 부모에게 빌린 돈이라도 반드시 갚게 하고, 돈을 빌렸을 때는 반드시 이자를 내야 한다는 것도 가르친다.

이런 경험을 하고 나면 빚에 발목이 잡혀서 하고 싶은 일을 제대로 할 수 없고 자유를 잃는다는 것을 알게 된다. 부모-자녀 관계에서 원금에 이자까지 더해 빚을 갚는다는 것을 매정하게 볼 수도 있다. 하지만, 아이가 부모의 사랑 안에서 힘든 경제 경험을 해 보는 것은 상처가 되지 않는다. 오히려 성인이 되어서 사회생활을 하면서 빚을 지고 힘든 경험을 하게 된다면 그것이 부모에게는 더 안타깝고 마음 아픈 상황이 될 수 있다.

부모님 사랑의 울타리 안에서 아이들에게 힘든 상황을 겪고 보고 헤쳐 보는 경험을 제공해 주는 것이 스스로 자립하여 현명한 경제인으로서 자라게 할 수 있는 길이다.

아동발달 Tip

아이와 집에서 하는 간단한 놀이

부모님의 사랑 안에서 다양한 경제 경험을 한 아이들은 자본주의 사회에 적응하는 멋진 경제인으로 성장할 것이다. 어린 시절에 이러한 경험이 없이 사회에 나가서 실제 경제 상황에 부딪쳐 가며 경제인이 될 경우에는 많은 상처와 손해를 입을 수 있다. 경제교육은 부모의 사랑 안에서 효율적으로 하는 것이 중요하다. 부모님의 사랑을 느낄 수 있는 간단한 놀이 방법을 소개한다.

- 종이 놀이

  색종이 접기, 종이 오리기, 찢기, 붙이기 등 여러 가지 종이 놀이를 한다. 손을 많이 사용하다 보면 지능 발달에도 좋고, 영 · 유아가 손가락을 빨고 싶은 생각을 잊게 하는 데도 도움이 된다.

- 산책 놀이

  집 안에서만 지내는 것보다 동네나 근처 공원을 산책하며, 몸을 움직이게 해 준다. 활동량이 커져서 활기차고 긍정적인 태도를 가질 수 있다.

10) 지혜로운 소비생활

다음 중 가장 지혜로운 소비생활은 무엇일까?

① 인터넷 쇼핑몰마다 가격을 비교해서 가장 저렴하고 성능 좋은 물건을 고른다.

② A/S가 훌륭하고 좋은 백화점에서 물건을 골랐으므로, 품질에 신경 쓰지 않는다.

③ 재래시장을 방문하여 발품을 팔며 싸고 좋은 물건을 직접 골라 산다.

④ 해외 직접구매 서비스를 이용해 비용을 절약한다.

네 가지 모두 비용을 절약하는 좋은 방법이다. 그러나 가장 좋은 소비 방법은 새 물건을 사지 않고 기존의 것을 수명이 다 될 때까지 소중하게 쓰는 것이다. 학교에서는 잃어버린 학용품을 찾아갈 수 있게 분실물 상자를 만들고 거기에 찾아갈 물건을 넣어 두지만, 실제 찾아가는 학생은 많지 않다고 한다. 아이들이 가정에서 물건을 사소하게 다루고 다시 사는 습관에 길들여졌기 때문이다.

소비교육에 있어서 좋은 물건을 잘 고르고 싸게 사는 것을 가르치는 것도 중요하지만, 이미 가지고 있는 기존의 물건을 소중히 다루고 잘 활용하여 새 물건을 자주 사는 비용을 쓰지 않는 습관을 들이는 것도 중요하다.

낭비를 막는 지혜로운 소비 습관을 들이려면 어떻게 하면 좋을까?

첫째, 아이가 책임지고 관리할 물건을 정한다. 아이가 자신의 모든 물건을 관리하게 하면 힘들 수 있으므로 항상 사용하는 물건 중에서 소모품인 연필, 지우개, 색연필 같은 물건에 이름을 써 주고 관리하게 한다.

둘째, 물건은 다 쓰고 난 뒤에 새로운 물건으로 교환해 준다. 아이가 스스로 관리할 물건과 개수를 정해 두고, 관리하는 물건을 다 쓰면 새것으로 교환해 준다. 물건을 끝까지 사용하는 방법을 경험하는 좋은 기회가 된다.

셋째, 아이가 관리하는 물건을 잃어버리면 자신의 용돈으로 사게 한다. 이때 새것을 사 주면 지혜로운 소비 습관 형성에 방해가 된다. 관리를 잘못한 것이므로 본인의 용돈으로 새것을 사서 보충하면 더 잘 관리하게 된다.

교실의 분실물 상자에 잃어버린 학용품을 넣어도 찾아가지 않는 것처럼, 지혜로운 소비 습관이 몸에 배지 않는 이유는 물건이 없어져서 손해를 본 경험이 적기 때문이다. 스스로 관리하고 책임지는 물건을 만들어 주면 물건이 없어졌을 때 곤란한 상황을 경험해 보게 되고, 작은 물건도 소중하게 다룰 줄 아는 습관이 생기게 된다.

표 4 지혜로운 소비 습관

	지혜로운 소비 습관 방법	효과
1	아이가 책임지고 관리할 물건 정하기 (예: 연필, 지우개, 색연필 등)	스스로 관리하는 경험과 습관을 기름
2	관리하는 물건을 다 쓰면 새로운 물건으로 교환해 주기	물건을 끝까지 사용하는 경험을 제공함
3	관리하는 물건을 잃어버리면 자신의 용돈으로 충당하기	손해를 보는 경험을 통해 소중히 관리하는 습관을 기름

11) 캐릭터 상품과 브랜드 상품

유아교육현장에 있는 저자는 항상 아이들과 함께 있고 직업이 적성에 맞아서인지는 모르겠으나, 물건을 살 때 귀여운 캐릭터 제품이 먼저 눈에 들어오는 경향이 있다. 독자분들은 어떤 상표나 캐릭터에 매력을 느끼는가?

현대 사회는 광고 사회라고 할 만큼 다양하고 많은 물건이 쏟아져 나오고 그에 따른 마케팅 전략도 정말 기발하다. 건강 관련 프로그램이 끝나면 마트에 그 상품이 동이 나고, 홈쇼핑으로도 어마어마하게 팔린다고 한다. 이제 광고 분야는 거대한 산업이 되었다. 광고는 경영학의 마케팅 영역뿐 아니라 심리학, 미술, 음악 등 다양한 영역과 융합되어 매력적으로 다가오니 우리 소비자는 속수무책으로 빠져들 수밖에 없다.

아이들은 TV 광고와 프로그램을 잘 구별하지 못하는 경향이 있다. 발달 특징상 현실과 상상 속의 세상을 잘 구분하지 못하며, 광고에 대한 저항력이 약하고

유혹에 대한 자제력도 부족하기 때문이다. 어린이 프로그램 시간대의 광고는 프로그램의 주인공이나 MC를 맡은 배우가 직접 나와서 광고하는 경우가 많아서 아이 스스로 분별력 있는 소비를 하기가 아주 어렵다. 따라서 아이에게 광고하는 제품이 반드시 훌륭한 것이 아니라는 것을 알려 주고, 나에게 필요한 물건이라는 판단이 섰을 때 물건을 구입하는 것이 바람직한 소비라고 알려 준다.

우리 아이들에게 광고의 의미를 알려 주고 더 현명한 소비로 이끄는 방법을 소개한다.

예전에 TV에서 콜라를 브랜드별로 가져다 놓고 상표를 떼고 먹어 보면서 브랜드를 알아맞히는 게임을 하는 오락 프로그램이 있었다. 이와 유사한 게임을 해 보는 것도 좋다. 먼저, 캐릭터가 그려진 물건과 그렇지 않은 물건을 준비한다. 아이들이 쉽게 접할 수 있는 크레파스나 스케치북 같은 것이 가장 좋다. 그 다음, 준비한 물건에서 캐릭터를 떼고 더 좋은 물건이 무엇인지 골라 보게 한다. 아이들은 캐릭터가 없어지면 어떤 물건이 더 좋고 마음에 드는 물건인지를 거의 구별하지 못한다. 결국 캐릭터를 보고 물건을 고른 것이다. 이 캐릭터 광고비는 기업체가 내는 것이 아니라 결과적으로 물건을 사는 소비자가 지불하는 것이다.

어른인 우리가 브랜드 물건을 좋아하는 것과 아이가 캐릭터 물건을 좋아하는 것은 본질적으로 같다. 부모 역시 물건을 고를 때 광고 제품이나 브랜드의 물건을 선호하는 것이 바람직하고 합리적인 소비인지 자문해 보아야 한다.

12) 가치관에 맞는 현명한 소비 방법

워런 버핏이나 피터 린치 같은 투자의 대가들이 강조하는 투자의 비결은 의외로 간단하다. '주식은 쌀 때 사고 비쌀 때 판다.'이다. 누구나 아는 상식이지만 그 시점을 잘 알고 실천하기는 쉽지 않다. 이들은 주식투자를 할 때뿐만 아니라 자신의 집이나 물건을 살 때도 '물건은 싸게 사야 한다.'는 원칙을 지키는 것으로 유명하다.

용돈을 받기 시작하면 아이들은 자연스럽게 가격에 민감해지고, 가게마다 가격이 다르다는 것을 알게 된다. 아이와 함께 쇼핑을 할 때 "이것은 인터넷 주문이 더 싸지.", "이번 달은 돈이 부족하니까 다음 달에 사야겠다."라고 이야기를 나누면, 아이는 물건을 어떻게 사야 하는지 자연스럽게 알게 된다. 이 원칙을 따르는 것이 소비교육의 기본이다.

이와 더불어 가치관에 맞는 소비생활을 해야 한다. 돈과 사물의 관계를 '돈으로 살 수 있는 것', '돈으로 살 수 없는 것', '돈으로 살 수 있지만, 되도록 사지 말아야 할 것' 세 가지로 구분하여 알려 준다.

첫째, 돈으로 살 수 있는 것이다. 이것은 일반적인 상품을 말한다. 꼭 필요한 물건만 사고, 되도록 적은 물건을 사고, 같은 물건이라면 싼 곳에서 사는 것을 원칙으로 한다.

둘째, 돈으로 살 수 없는 것이다. 이것은 가족 간의 애정이나 추억, 우정 같이 주로 눈에 보이지 않는 정서이다. 바빠서 아이를 챙기지 못할 때 물건을 사 주어 아이에 대한 사랑의 표현을 대체하려고 한다. 그렇게 하면 아이는 뭐든 돈으로 해결하려 할 것이다. 부모는 물건을 사 주든 사 주지 않든 그것이 애정과는 별개임을 알려 주고, 평소에 아이와의 스킨십이나 대화로써 교감하고, 함께 추억을 쌓기 위해 노력한다.

셋째, 돈으로 살 수 있지만, 되도록 사지 말아야 할 것이다. 이것은 가치관에 맞지 않는 제품을 말한다. 예를 들면, 모피코트는 돈으로 살 수 있는 물건이지만 동물보호에 관심이 많은 사람에게는 사지 말아야 할 물건이다. 저자는 반려견을 기르다 보니 동물의 행복에 관심이 많다. 그래서 달걀을 사더라도 동물복지 농장에서 나오는 행복하게 자란 가축의 달걀을 사게 되는데, 더 비싸지만 이런 것이 가치관에 따른 소비이다.

가치관은 부모와 아이의 종교, 가정환경 등에 따라 달라질 수 있다. 환경을 해치는 합성세제는 환경보호의 중요성을 아는 아이에게는 사지 말아야 할 물건이며, 비싸더라도 친환경 제품을 사는 것이 가치관에 맞는 소비 습관이다. **소비는 싸게 사는 것이 기본이지만, 본인의 가치관과 정서에 맞는 합리적인 소비 습관을 기르는 것이 무엇보다도 중요하다.**

표 5 가치관에 맞는 소비

	돈과 사물의 관계	구분
1	돈으로 살 수 있는 것	일반적인 상품: 꼭 필요한 물건을 싸게 산다.
2	돈으로 살 수 없는 것	가족 간, 친구 간 애정이나 추억: 평소에 애정표현, 스킨십 등 추억을 많이 쌓는다.
3	돈으로 살 수 있지만 되도록 사지 말아야 할 것	가치관에 맞는 제품 소비: 환경보호, 생명보호 등 다소 비싸더라도 가치관에 맞는 소비를 한다.

아동발달 Tip

아이와 요리하면서 추억을 쌓아요

아이와 함께하는 시간은 돈으로 살 수 없다. 아이와 이번 주말에 요리를 하면서 추억을 만들어 보면 어떨까? 아이와 함께하는 요리는 다음과 같은 좋은 점이 있다.

- **아이의 상상력을 키워 준다**

  아이와 밀가루나 채소를 준비하면서 현재 재료의 모양과 요리 후 변화될 모습에 관해 이야기 나눈다.

  "이렇게 둥글둥글한 하얀 덩어리인 밀가루가 어떤 모양으로 변했으면 좋겠어?"
  "나무! 아니야, 꽃으로 변했으면 좋겠어."

  아이가 마음껏 상상할 수 있도록 이야기하면서 요리를 준비한다.

- **사회성이 발달된다**

  요리를 하면서 가족끼리 역할을 나누어 본다. 엄마는 채소를 썰고 아빠는 반죽하며 아이는 모양을 만드는 등 역할을 나눈다. 요리를 하면서 각자의 활동에 대해서 이야기해 보면, 자연스럽게 나와 다른 사람의 관계, 역할 분담에 대한 사회성을 익히게 된다.

가족이 모여 함께 시간을 보내면서 느끼는 서로에 대한 애정과 추억 등은 무엇과도 바꿀 수 없는 소중한 경험이다. 경제교육을 하면서 계획된 박탈을 경험하는 아이들에게 부모의 사랑과 애정을 느끼게 하면 경제교육의 효과도 배가 될 수 있다.

13) 쇼핑의 마법에서 승리하는 법

여러분에게 쇼핑은 즐거운 일인가, 아니면 필요한 일과인가? 대부분의 사람, 특히 여성에게 쇼핑은 즐거운 일일 뿐만 아니라 스트레스가 해소되는 행복한 일일 것이다.

인간에게는 원시 시대의 수렵 본능이 남아 있다고 하는데, 현대인에게 쇼핑은 수렵과 유사한 행위로서 무엇보다도 큰 기쁨을 안겨 주는 일이라고 한다. 특히 대형 할인매장은 수렵 행위와 비슷한 경험을 하게 만드는 곳이다. 매장을 넓게 한두 층만 사용하는 것은 넓은 들판에 먹잇감이 잔뜩 널려 있는 느낌을 주기 위한 마케팅 기법이다. 이렇게 세팅된 곳에서 수렵 본능이 자극받아 계획하지 않은 물건을 잔뜩 사게 되는 경우가 많다. **아이들에게 올바른 소비 습관을 들여 주려면 쇼핑은 즐거운 일이라기보다 필요한 물건을 사는 일이라는 인식을 심어 준다.**

첫째, 계획해서 쇼핑한다. 아이와 함께 장을 보러 갈 때는 사전에 아이와 함께 쇼핑할 물건의 목록을 적어 간다. 미리 작성한 목록에 있는 물건만 구입해서 되도록 짧은 시간 안에 나온다. 계산대 앞에 진열되어 있는 물건은 대개 충동구매를 유발하게 설계되어 있으므로 충동구매를 하지 않도록 조심한다.

둘째, "5분 남았습니다.", "얼마 남지 않았습니다."라는 판촉하는 직원의 말에 현혹되지 않는다. 이것은 소비자의 마음을 유혹하는 마법의 말이다. 이러한 방송이나 말이 들릴 때는 그와 반대쪽으로 가는 것이 현명한 결정이 되는 경우가 많다. 이 세상에 공짜는 없다. 시간이 촉박해서 현명한 판단을 하기 어려운 물건은 아예 사지 않는 것이 현명한 방법이다.

마지막으로, 쇼핑게임에서 승리하면 상을 준다. 여러 가지 이유로 쇼핑은 즐거운 일이다. 특히 대형 매장은 마케팅 전문가가 갖가지 기법을 총동원하여 쇼핑의 마법을 걸어 놓은 곳이라고 할 수 있다. 예를 들어, 할인매장의 시식 코너는 단순히 먹어 보고 맛이 있으면 사라는 것이 아니다. 시식 코너를 모두 돌아보려면 매장 구석구석까지 둘러보아야 하는데 그렇게 돌아다니다 보면 충동적으로 또는 아이가 졸라서 필요 없는 물건을 잔뜩 사게 되는 일이 종종 발생한다.

쇼핑게임에서 승리하려면 아이와 미리 이렇게 이야기를 나눈다. “우리는 지금 게임을 하러 가는 거야. 마트에서는 우리에게 물건을 많이 팔려고 노력해. 하지만 필요한 물건만 딱 사야지 우리가 승리하는 거야.” 하고 마법의 공간인 마트에 간다.

계획에 없는 물건을 사고자 할 때는 게임의 규칙을 떠올린다. "이 물건을 사면 게임에서 이길까, 질까?" 이 과정을 거치고 나면 불필요한 물건을 잔뜩 사는 쇼핑의 마법에서 승리할 수 있다.

쇼핑게임에서 승리했다면 스스로 보상하여 동기를 유발한다. 쇼핑게임 승리 스티커북[부록] 참조에 승리할 때마다 스티커를 붙이고, 10장이 모이면 한 가지 소원을 들어준다. 그러면 동기가 부여되고 이런 경험이 쌓이면 자연스럽게 현명한 소비 생활이 습관화된다.

| 표 6 | 쇼핑의 마법에서 승리하는 법

단계	방법
[1단계] 쇼핑을 계획한다.	장 보러 가기 전에 구입목록표를 아이와 함께 작성한다.
[2단계] 마케팅 기법에 현혹되지 않는다.	시간이 촉박하거나 현명한 판단이 어렵다면 사지 않는다.
[3단계] 쇼핑게임 승리에 대해 상을 준다.	마케팅 유혹에 넘어가지 않고 필요한 물건만 사는 게임에서 승리한 기념으로 스티커를 적립하고, 스티커가 모두 모이던 보상한다. (부록: 쇼핑게임 승리 스티커북 참조)

아동발달 Tip

학습 놀이 VS 놀이를 위한 놀이

쇼핑게임에서 승리하면 아이는 성취감을 느낄 것이다. 또한, 어떤 코너에서 승리했는지 함께 이야기 나누고, 얼마를 절약했는지 계산해 보는 과정은 일상생활에서의 수학 학습이다. 이처럼 일상생활에서 학습되는 것이 있고, 학습하는 것 자체가 일상생활에서 사용되기도 하므로 서로 밀접한 관련이 있다.
최근에 '학습 놀이'라는 용어가 생겨서 유행이다. 학습하는 것을 놀이처럼 즐겁게 한다는 의미이다.

블록 놀이는 숫자 놀이일까, 학습 놀이일까?
블록 놀이를 하면서 "몇 층까지 쌓았는지 세어 볼까?" 하고 숫자 학습을 하는 부모가 많다. 그러나 놀이는 스스로 깊이 즐기면서 사고를 확장하는 무한한 가능성의 도구이다. 블록 놀이를 할 때 블록으로 무엇을 만들었는지, 어떻게 활용하고 놀 것인지 이야기 나누는 것이 아이의 사고를 확장시키고 창의력을 넓히는 방법이다. 그런 면에서 블록 놀이는 숫자 놀이가 아니라 쌓기 놀이이다.
놀이를 학습으로 연결시키면 오히려 아이의 사고를 학습적인 면으로만 국한할 수 있다. 아이가 놀고 싶은 것으로 자유롭게 놀도록 격려하고 응원해 주면 부모의 상상 이상의 더 넓은 성장이 아이의 내면에서 스스로 일어난다.

쇼핑게임처럼 일상생활 중 자연스러운 상황이 생겨서 학습으로 연결되는 경우가 아니라면 아이가 자유롭게 놀면서 스스로 탐색하고, 사색하고, 창의력을 기를 수 있도록 한다.

05 좋은 부자가 되어요: 나눔

미국 대학교의 도서관은 사람 이름으로 불리는 곳이 많은데, 대부분이 유대인의 이름이다. 평생 열심히 부를 쌓은 유대인이 세상을 떠나면서 후대를 위해서 유산을 남긴 것이다. 유대인은 자식에게 부자가 되라고 가르치는 한편, 돈을 가치 있게 잘 쓰라는 가르침도 꼭 한다. 그들은 부자를 단순히 '돈이 많은 사람'으로 여기지 않고, 부자에게 기대하는 성품과 철학을 가르친다. 부자가 되는 정확한 전략과 철학뿐만 아니라 함께 살아가는 공동체를 배려할 줄 아는 부를 배우고 익혀야 진정한 부자가 될 수 있다.

우리 사회에는 부자가 되고 싶어 하는 동시에 부자를 부정적으로 보는 시각도 존재한다. 세금 포탈, 갑질 논란 등 일련의 사건을 보면, 부자에 대한 부정적인 시각이 꼭 시기나 질투 때문만은 아니라는 생각이 든다. 올바르게 부를 축적하는 사람이 묵묵히 좋은 일을 많이 하는 반면, 올바르지 않게 부를 축적하는 사람도 많다. 현재 우리나라의 부자는 창업자의 2세나 3세로, 할아버지의 부를 이어받아서 '금수저' 같은 논쟁을 일으키며 부정적인 영향을 미치기도 한다.

그러나 해외에는 자수성가로 부자가 되어 사회에 공헌함으로써 존경받는 부자가 많다. 사람들은 그 사람이 부자가 되기 위해서 들였던 노력과 시행착오, 세상을 좀 더 편리하고 살기 좋게 만들었던 아이디어 등에 귀 기울인다. 그리고 그렇게 벌어들인 돈이 어디에 쓰이는지에 대해서도 관심이 많다. 부를 사회에 환원하는 사람이 많고 지구촌 곳곳의 가난한 사람을 돕거나 의학, 과학 분야를 지원하는 부자가 많은 것은 부러운 일이고 존경받을 만한 행동이다.

우리의 아이들은 존경받는 부자가 되어야 한다. 아이가 경제교육을 통해서 철학을 갖추어 사회에 환원하고 공헌하는 존경받는 부자가 되기를 바란다.

긍정적인 부자가 되기 위한 방법을 살펴보도록 한다.

1) 수입을 나누어서 배분해요

어른에게는 월급 등 수입이 있고, 우리 아이에게는 용돈이 있다. 이렇게 어른이나 아이나 어떤 방법으로든 수입이 있다.

수입이 들어오면 가장 처음 하는 일은 배분으로, 저축 : 지출 : 투자 : 기부 = 30 : 30 : 30 : 10의 비율로 정한다.

저축 30%는 단기간에 모아서 투자금으로 적립하거나 준비하는 것이고, 지출 30%는 단기간의 지출, 투자 30%는 장기간 적립했다가 적절한 투자처에 투자하는 것이다. 또한, 기부 10% 항목은 배분 시 반드시 적립해서 내가 쌓은 부가 나만의 이익을 위한 것이 아니라 나누어야 하며, 그것이 다시 나에게 또는 우리에게 크게 되돌아올 수 있다는 가치관을 심어 준다.

아이의 용돈에서 10%는 아주 적은 금액이어서 매달 기부하기는 어렵다. 이

럴 때 기부금 저금통을 만들어서 10%씩 모아 준다. 이렇게 일정 기간 모아서 기부금이 마련되면 사회복지기관이나 적절한 기부처를 찾아서 기부한다.

10%의 기부금 항목은 규모가 크건 작건 반드시 배분하여 사회에 환원한다. 이러한 경험이 축적되면, 우리 아이들은 더불어 행복하게 사는 진정한 부자 철학을 가진 멋진 어른으로 자라날 수 있다.

아동발달 Tip

창의력과 상상력 키우는 놀이 Ⅰ

경제적 관점에서 보면, 창의력과 상상력은 어른이 되어서 매달 들어오는 일정한 월급에만 만족하지 않고 더 많은 이익과 부를 창출할 수 있는 무한한 가능성의 수단이다. 그래서 어린 시절에 발달시켜 놓는 것이 무엇보다도 중요하다.

• 자연에서 놀아요

아이들은 숲에서 많은 것은 느끼고 배운다. 숲에서 자연과 함께 놀기만 해도 창의력과 상상력, 운동력, 면역력에 유익하다는 연구 결과가 많아서 교육기관에서 숲 체험 프로그램을 많이 한다. 특별한 계획이나 준비 없이 그냥 마실 물만 챙겨 가도 놀 거리가 숲 주변에 널려 있다. 좋은 공기를 마시며 나무나 새싹을 보고, 개미나 다른 곤충도 찾아본다. 호기심을 자극하는 새로운 환경은 창의력과 상상력의 발달에 큰 도움이 된다.

• 모래 놀이

실내 모래 놀이터도 많고 가정용 모래를 따로 판매할 정도로 큰 관심을 모으고 있는 모래 놀이는 아이들이 몇 시간이고 앉아서 신나게 놀 수 있는 재료이다. 모래로 혼자서 무언가를 만들다가 부수기도 하고 밥을 지어 엄마를 초대하기도 한다. 특히 모래를 만짐으로써 긴장감을 해소하여 정서적인 안정감을 얻을 수 있다. 아이가 손에 모래를 쥘 수 있는 연령이라면 모래 놀이를 시작하는 것이 좋다.

2) 기부는 바르게 돈 쓰는 법을 알게 하고, 상상력을 풍부하게 해 줘요

아이와 함께 자원봉사를 하는 부모가 많다. 저자는 아이와 급식 자원봉사를 하고 있는데 처음에는 학교에 제출할 봉사 점수 때문에 시작하게 되었다. 그런데 주말에 같이 급식 봉사를 하고 음식을 만들어 먹으면서 아이와 많은 이야기를 하게 되니 봉사활동에서 얻은 보람과 함께 다른 수확도 커졌다. 봉사활동의 보람과 즐거움을 알게 된 아이는 대학생이 되면 애견 미용 자격증을 따서 유기견 센터에 미용 봉사를 하러 가고 싶다고 말한다. 자신이 사는 세상 밖의 사람들을 만나고, 새로운 도전거리를 찾는 등 생각이 쑥쑥 커 가는 아이를 보는 것은 봉사활동에서 얻는 보람과 함께 예상하지 못했던 또 다른 수확이기도 하다.

더불어 사는 삶을 실행하는 가장 손쉬운 방법은 자원봉사와 기부 행위이다. 우리나라는 아직 자원봉사 문화가 제대로 정착되지 않아서 어린 시기에 자원봉사를 직접 하는 것은 어려울 수 있다. 그래서 어린 시기에는 용돈에서 배분한 기부금 모으기를 생활화하는 것이 좋다. **기부는 단순히 '정의'를 가르치는 것뿐만 아니라 아이에게 돈의 힘을 느끼게 하고 그 힘을 제대로 사용하는 법을 알려 줄 수 있다.** 예를 들면, 아이가 매주 1,000원씩을 기부하면 아이와 나이가 비슷한 아프리카 난민 아이 한 명이 하루 세 끼를 먹을 수 있다. 이런 일을 통해 아이는 별것 아니라고 생각했던 자신의 돈이 얼마나 큰 힘을 지니고 있는지를 알게 된다. 그리고 또 다른 수확은 이런 경험을 통해 상상력도 키울 수 있다는 것이다.

만 1~2세의 아이들이 모여 있을 때 한 아이가 울면 다른 아이들도 따라 우는 것을 볼 수 있다. 아이는 자각하지 못하지만, 타인에게 공감하고 감정이입을 한 것이다. 발달적으로 만 1세 이하의 영아는 자신과 다른 사람의 존재를 잘 구분하지 못한다. 만 2세 정도가 되면 자신과 다른 사람의 감정이 다를 수 있다는 것을 깨닫지만, 눈앞에 보일 때만 가능하다. 만 6세 정도 되면 사람이 눈에 보이지 않아도 생각하고 공감하며 감정이입할 수 있다.

앞에서 말했듯이 보통 만 4~5세에 용돈 지급을 시작할 수 있다. 아이는 처음 용돈을 받아 타인과 나누는 것에 대해 부모와 이야기 나누고, 기부 저금통도 만들었지만, 아직 구체적으로 공감하기 어려울 수 있다. 따라서 부모와 함께 자원봉사를 하면서 나눔에 대해 직접 경험해 보는 것이 좋다.

우리 아이들은 밥을 굶는 것이 무엇인지, 부족함이 무엇인지를 실감하지 못한다. 그래서 가까이에 있지 않은 다른 사람의 아픔을 느끼려면 상상을 통해 그 아픔을 공감할 수밖에 없다. 부모님과 봉사활동에 참여하거나 기부를 하면 타인의 아픔을 이해하면서 상상력 또한 풍부해질 수 있다. 기부와 봉사활동은 더불어 살아가는 보람을 경험하고 상상력이 풍부해지는, 즉 다른 사람도 돕고 아이의 창의력과 상상력을 기를 수 있는 일거양득의 교육이다.

아동발달Tip

창의력과 상상력 키우는 놀이 II

우리 아이들이 살아가는 4차 산업혁명 시대는 빅데이터와 아이디어를 기반으로 인공지능(AI), IT 기술 등이 창의적으로 융합되는 세상이다. 혁신적 기술을 융합하여 활용하고 창조하는 능력이 바로 창의력과 상상력인데, 이것이 어린 시기부터 발휘하도록 도와주어야 한다.

• 요리 놀이

엄마나 아빠와 함께 아이가 요리 놀이를 하면서 요리 재료를 직접 만지고 냄새 맡고 먹어 보는 경우 아이의 오감 발달에 참 좋다. 아이가 플라스틱 칼로 자를 수 있는 두부, 감자, 당근 등의 식재료를 직접 썰어 보거나 달걀을 깨고 푸는 것, 밀가루를 반죽하는 것, 김밥을 싸는 것을 함께하면 아이의 오감이 발달하고 뇌를 자극해서 상상력 발달에 도움이 된다.

• 밀가루 반죽 놀이

커다란 그릇에 밀가루를 담고 물을 넣어 조물조물 반죽한다. 밀가루 반죽으로 여러 가지 모양을 만들거나 쿠키 틀을 이용해 모양 찍기를 해도 좋다. 밀가루 반죽에 식용유를 한두 방울 넣으면 말랑해지고, 식용 물감을 섞으면 색색의 반죽이 만들어지는 것도 보여 준다. 부드러운 촉감의 밀가루를 만지면 정서적인 안정감을 느끼고 소근육이 발달하여 창의력이 발달하는 데 도움이 된다.

요리활동은 단순히 음식을 만드는 것만이 아니라 각 재료의 촉감과 성질을 느끼고 물과 열을 통해 변하는 과학의 경험이므로, 아이들에게 즐거움과 많은 지적 자극을 줄 수 있다.

3) 마음까지 따뜻해지는 다양한 기부 방법

앞에서 기부와 봉사는 다른 사람을 도우면서 상상력과 창의력을 높일 수 있는 활동이라고 하였다. (1) 기금을 통한 기부, (2) 온라인 기부, (3) 재능기부, (4) 기타 나눔활동 순으로 기부와 봉사활동 방법을 구체적으로 알아보고, 내 아이와 우리 가족에게 맞는 방법을 선택해서 꾸준히 실천해 본다.

(1) 기금을 통한 기부

나눔활동의 가장 대표적인 것은 '돈으로 누군가를 돕는' 기금 후원이다. 기금 후원의 대상은 다양한데, 아동과 관련한 단체가 가장 많고, 그 밖에 미혼모, 노인, 노숙자 등 형편이 어려워 도움이 필요한 사람에게 후원할 수 있다. 그리고 지지하는 정치가나 정당을 지원하는 기금 후원도 있다.

주의할 점은 **무작정 아무 데나 후원하기보다 평소에 관심이 있었거나 좋아하는 분야를 신중히 선택해서 중간에 후원이 끊기는 일이 없도록 하는 것이다.** 특히 1대1 후원이 많은 아동 관련 후원은 중간에 끊길 경우 해당 아동이 정말 곤란한 상황에 처할 수 있으며 상처를 받을 수 있다. 자신에게 부담되지 않는 선에서 금액을 정하고, 후원하는 기관도 신중히 선택하길 바란다.

① 국제 구호 단체

㉠ 기아대책 Food for the Hungry

1971년 래리 워드 박사에 의해 설립된 국제적인 기독교계 구호 단체이자 선교단체이다. 대한민국에서는 1989년에 한국국제기아대책기구가 설립되었다. 국내 최초 국제 구호 NGO로서 전 세계 60여 개국에 500여 명의 기아대책봉사단을 파견해 지구촌 곳곳의 기아 현황을 알리고, 이들에게 식량 제공, 각종 개발 사업, 긴급 구호 활동을 통해 자립을 도와주고 있다.

ⓛ 세이브더칠드런 Save the Children

오직 아동만을 위하는 세계 최대 규모의 아동 구호 NGO이다. '우리가 구한 아이가 세상을 구한다'는 100년의 믿음으로 1919년 영국의 에글렌타인 젭과 동생 도로시 벅스톤에 의해 설립되었다.

제2차 세계대전 이후 패전국인 독일과 오스트리아의 아동 실태를 목격하고 그들의 구호를 위해 설립한 '세이브더칠드런 펀드'가 기원이며, 1920년 스위스에서 국제 세이브더칠드런 연합이 출범되어 세계 기구로 확장되었다. 1977년에는 국제 세이브더칠드런 연맹이 설립되고, 이후 유엔UN, 국제연합과 협력하며 세계 각국의 재해 지역 아동을 위한 구호활동에 전념하고 있다. 우리나라는 한국전쟁 직후인 1953년에 출범했다.

주력 사업은 정기후원, 결연후원 등을 통해 후원자를 모집하고 이를 바탕으로 다양한 어린이 구호사업을 벌인다. 보건 의료, 빈곤아동 지원, 아동 보호, 교육 지원 등 다양한 분야에서 사업을 진행한다.

ⓒ 국제아동인권센터 International Child Rights Center

국제아동인권센터는 모든 아동이 그들의 권리, 존엄성, 진실성을 존중받는 환경 속에서 잠재력을 최대한으로 개발할 수 있도록 더 나은 세상을 위해 '아동과 함께', '아동을 위한' 다양한 옹호 활동을 하고 있다.

아동 최상의 이익, 비차별적 통합과 참여, 투명한 협력, 책무성 강화, 사람에 대한 투자, 모든 사람의 존엄성 존중이 운영 원칙이며, 유엔아동권리협약을 준수함으로써 인류의 보편적 가치를 따르고, 글로벌 경험과 지식을 알리며 인권문화 형성에 앞장서고 있다. 아동과 그들의 인권을 보호, 증진하고, 효과적으로 보장할 수 있도록 아동을 포함한 정부, 민간 조직, 개인 등 모든 이해 당사자의 역량과 책무성 강화를 목표로 한다.

ⓡ 월드비전 World Vision

긴급 구호활동과 개발 사업을 하는 민간구호단체이다. 인간의 변화를 위하여 노력하고 정의를 구현하며, 하나님 나라의 복음을 증거한다는 소명으로 설립된 기독교 국제 협력 기관이다.

1950년 9월 6·25전쟁 때 미국인 선교사 밥 피어스 목사가 한경직 목사 등과 함께 고아와 미망인을 돕기 위해 한국선명회를 설립하였고, 3년 뒤 세계기독교선명회 본부로부터 한국지부로 승인받았다.

월드비전은 긴급 구호, 교육, 건강, 경제 발전, 정의 추구 등을 통해 커뮤니티를 돕는다. 주요 사업은 아동, 특히 고아에 대한 활동을 중요시한다. 2019년 기준 국내에 43개 사업장, 전 세계 33개국 131개 사업장에서 아동 후원 및 식수개발·재난 구호·영양 급식 사업 등의 지역 개발 사업을 하고 있다. 본부는 서울특별시 영등포구에 있다.

ⓜ 유니세프 UNICEF: United Nations Children's Fund, 유엔아동기금

전쟁 피해 아동의 구호와 저개발국 아동의 복지 향상을 위해 설치된 유엔의 특별기구이다. 국적, 이념, 종교 등의 차별 없이 어린이를 구호하기 위해 설립된 유엔의 상설 보조기관 가운데 하나이다.

1946년 제2차 세계대전으로 인해 기아와 질병에 시달리는 아동을 구제하기 위한 긴급 원조 계획으로 '유엔 국제아동 긴급구호기금'이라는 명칭으로 발족하였다. 1953년 유엔의 상설기관이 되어 현재의 명칭으로 변경되었으며, 본부는 뉴욕에 있다.

유니세프의 설립 정신은 국적이나 이념, 종교 등의 차별 없이 어린이를 구호한다는 '차별 없는 구호'이며, 이에 따라 2차 세계대전의 승전국과 패전국 등 전세계 어린이가 유니세프의 도움을 받았다. 유니세프는 점차 그 영역을 넓혀 모

든 개발도상국 어린이를 위한 긴급 구호, 영양 제공, 예방 접종, 식수 및 환경 개선, 기초 교육 등의 사업을 펼쳤다. 그 공로로 1965년 노벨평화상을 수상하였다.

우리나라는 1950년 3월에 정식으로 가입한 이후 1993년까지 각종 지원을 받았다. 그러다가 1988년에는 집행이사국이 되었고, 1994년 1월 한국 유니세프 대표사무소가 한국위원회로 바뀌면서 지원을 하는 국가가 되었다.

㉥ 초록우산 어린이재단 Child Fund Korea

아동복지전문기관으로, 재단 이름인 '초록우산'은 초록으로 상징되는 싱그러운 아이들의 미래 가능성을 우산처럼 펼쳐 주고, 담아 주고, 보호하는 사업 목적을 나타낸다.

1948년 10월 미국 기독교아동복리회CCF: Christian Children's Fund의 지원을 받는 CCF 한국지부로 출발했다. 1986년 CCF의 지원 종결 이후에는 국내 순수 민간 기관으로 자립하였다. '아이들이 행복한 세상'을 주장하며 국내 아동뿐만 아니라 빈곤과 질병으로 고통받는 전 세계 아동의 생존권, 보호권, 발달권, 참여권 증진을 위한 사업을 펼치고 있다.

현재 초록우산 어린이재단은 국제어린이재단연맹Child Fund Alliance의 회원 기관으로 22개국의 아이를 지원하고 있다. 주력사업은 빈곤아동 돕기와 아동보호 분야이다. 이외에도 해외사업, 북한사업, 연구조사 사업 등이 있다.

㉦ 옥스팜 Oxfam

옥스팜은 2차 세계대전 중반인 1942년에 영국 옥스퍼드 학술위원회가 기근 구제를 위해 시작한 국제 구호 개발기구로 2014년에 한국사무소를 설립하였다. 20개의 후원국으로 이루어진 국제적인 네트워크를 기반으로 전 세계 100여

개국에서 활동하고 있다. 삶의 기본 요건인 식량, 물, 의료, 교육부터 국제 원조, 기후 변화와 인권까지 가난의 근본적인 원인을 해결하기 위해 현지 관계자들과 함께 각 분야에서 전문성을 가지고 활동하고 있다. 정기후원과 일시후원이 있으며, 후원금은 식수 및 위생 지원을 포함한 긴급 구호, 자립을 위한 생계 활동에 사용된다.

◎ 서빙프렌즈 인터내셔널 Serving Friends International

서빙프렌즈는 에이즈나 환난, 고통을 겪고 있는 사람들을 위한 긴급 구호 및 구제, 지역 개발을 통해 실제적인 사랑을 실천하며 섬기는 NGO이다.

자원봉사자나 후원으로 활동할 수 있다. 국내에서는 사무보조 업무, 번역, 웹디자인, 사진·영상 촬영 등을 하는 전문 자원봉사자, 캠페인이나 행사 등을 돕는 도우미로 활동할 수 있다. 해외에서는 의료 자원봉사나 긴급 구호에 참여할 수 있다. 후원금은 일반후원, 프로젝트 후원, 아동결연 후원, 긴급 구호 후원으로 나누어서 할 수 있다.

㉧ 플랜 인터내셔널 Plan International

플랜은 아동의 권리와 여자아이들의 평등을 위해 노력한다. 어린이, 청소년 그리고 지역사회가 중요한 변화를 만들 수 있도록 차별받는 여아와 소외·취약계층 등에 근본적인 도움을 준다. 또한, 이러한 어린이가 성인이 될 때까지 안정된 생활환경에서 성장할 수 있도록 지원한다.

플랜의 활동 방향은 교육, 기술교육과 일자리, 청소년 참여, 성 생식 건강과 관리, 아동보호, 긴급구호 등이다. 여러 기업에서 후원하고 있으며, 많은 연예인과 유명인이 홍보대사로 활동하고 있다. 일반인은 아동결연을 통해 후원하고 교류할 수 있다.

ⓩ JTS Join Together Society

JTS는 국제 기아·질병·문맹 퇴치를 목적으로 활동하는 NGO이다. 어려운 이웃을 돕고자 하는 따뜻한 마음을 가진 사람들이 서로 만나Join, 각자가 가진 것을 내어놓아 인종, 종교, 민족, 성별, 사상, 이념에 관계없이 작은 힘이나마 모아 함께Together 일해 가고자 하는 모임Society이다.

후원은 정기후원, 일시후원, 자원봉사가 있고, 사업 영역은 북한, 인도, 필리핀, 국내 사업으로 나뉘며 취약계층 지원, 긴급 식량 지원, 농업 지원, 보건의료 지원, 긴급 구호 지원 등의 활동을 한다.

ⓚ 푸른아시아

푸른아시아는 기후 변화, 사막화, 황사 등의 국제 환경 문제에 대응하여 안전하고 지속 가능한 지구의 발전을 이루는 데 기여하고자 설립하였다.

활동으로는 기후 변화·사막화·황사 방지를 위한 조림사업, 환경·경제·사회적으로 지속 가능한 지역개발모델 구축 및 확산, 홍보교육과 정책 사업 등을 하고 있다. 정기후원, 일시후원, 기업 및 단체 후원 등이 있으며, 환경에 관심이 있으면 참여해 보기를 권한다.

ⓣ 컴패션 Compassion

함께 아파하는 마음이라는 뜻의 '컴패션'은 도움이 필요한 어린이가 자립 가능한 성인이 될 때까지 양육하며, 25개국 200만 명 이상의 어린이와 함께하고 있다. 어린이와 후원자가 함께 자란다는 신념으로 전인적 양육을 위한 연령별 커리큘럼을 가지고 활동한다. 양육 목표는 하나님에 대한 헌신, 건강한 신체와 좋은 습관, 경제적으로 자립할 수 있는 동기부여와 기술, 건강한 관계와 긍휼함으로 다른 사람들과의 교류이며, 이러한 목표 아래 태아·영아 생존, 어린이 양육, 청소년 양육, 양육 보완 등 생애 주기별로 나누어서 지원하고 활동한다.

㉡ JPO Junior Professional Officer, 국제기구 초급전문가

JPO는 장래에 정규 국제공무원을 희망하는 젊은 층을 위하여 일정 기간 유엔개발계획UNDP, 유엔공업개발기구UNIDO, 유엔 교육·과학·문화 기구UNESCO, 세계보건기구WHO 등의 국제기구에서 직원으로 근무하게 함으로써 전문 지식과 국제적 업무의 체험을 축적하는 실무 연수의 기회를 제공하는 제도에 근거하여 채용되는 자를 말한다. 유엔의 정식 직원은 아니며, 유엔 회원국의 청년에게 국제기구를 경험하게 하려는 프로그램이다. 우리나라도 매년 5~10명 정도를 보내고 있다.

석사과정을 한 후에 JPO가 될 수 있으며, 급여를 받으면서 유엔 인턴십을 경험할 수 있고, JPO 과정 중에 유엔 정식 직원에 지원할 기회가 있다. 앞으로 NGO에서 일하고 싶은 학생이라면 관심을 둘 만한 제도이다.

앞에서 소개한 국제 구호 단체 외에도 다양한 단체가 있다. 다음의 표를 참고하여 홈페이지를 방문해서 자세한 활동 내용을 살펴본다. 자신이 좋아하고 관심 있는 분야를 선택해서 참여하면 된다.

표 7 국제 구호 단체

• 유니세프	• 유엔난민기구
• 유엔개발계획	• 유엔팔레스타인 난민구호 사업기구
• 국제사면위원회(또는 국제앰네스티)	• 국경 없는 의사회
• 그린피스	• JTS
• 월드비전	• 기아대책위원회
• 서빙프렌즈	• 플랜 인터내셔널
• 옥스팜	• 국제 사랑의 봉사단
• 굿네이버스	• 세이브더칠드런
• 국제아동인권센터	• 월드비전
• 초록우산 어린이재단	• 지구촌 나눔 운동
• 푸른아시아	• 컴패션

② 사회복지단체

국어사전에서는 사회복지시설을 "빈곤이나 장애로 인하여 생활이 곤란한 사람들에 대한 여러 가지 도움을 주는 활동을 목적으로 하는 시설이다."라고 정의한다. 최근에는 의미가 확대되어 생활이 곤란한 사람이 아니어도 전 국민이 혜택을 받을 수 있도록 다양한 방면에서 여러 가지 방법으로 운영하고 활동하여 전 계층의 국민이 여러 혜택을 받고 있다.

사회복지시설은 생활보호 복지, 아동·청소년 복지, 노인 복지, 장애인 복지로 크게 나누어서 운영한다. 봉사활동을 하거나 기부하고 싶다면 네 가지 분야 중에서 본인이 좋아하고 관심 있는 분야를 선택해서 꾸준히 하면 좋다.

㉠ 생활보호 복지

질병, 노령 등으로 인한 근로 능력의 상실로 생활 유지 능력이 없는 자를 국가 또는 지방자치단체가 나서서 지원, 보호해 주는 것이다.

㉡ 아동·청소년 복지

모든 아동·청소년이 가족 및 사회의 일원으로서 신체적, 정신적, 사회적으로 건전하게 성장·발달할 수 있도록 지역사회와 사회·복지 분야에 있는 공공 단체 및 기관이 협력하여 아동·청소년에게 필요한 사업을 계획하고 실행에 옮기는 조직적인 활동이다.

㉢ 노인 복지

노인이 인간다운 생활을 영위하면서 자기가 속한 가족과 사회에 적응하고 통합될 수 있도록 필요한 자원과 서비스를 제공하는 것을 말한다.

㉣ 장애인 복지

장애인의 인권 존중, 동등한 사회적 대우, 삶의 질 향상 위한 의료·교육·직업·사회·심리적 재활서비스를 제공하는 것뿐만 아니라 장애인에 대한 사회적 인식 개선과 물리적 환경 조성을 통하여 사회·경제·심리적으로 안정된 삶을 영위하도록 원조하는 국가와 사회의 조직적 활동이다.

▮표 8▮ 사회복지시설 대상자별 분류

<table>
<tr><th>대상자별</th><th>형태</th><th colspan="2">시설 종류</th></tr>
<tr><td rowspan="11">노인</td><td rowspan="5">생활</td><td rowspan="2">주거</td><td>양로시설, 노인 공동생활가정</td></tr>
<tr><td>노인복지주택</td></tr>
<tr><td rowspan="2">의료</td><td>노인요양시설</td></tr>
<tr><td>노인요양 공동생활가정</td></tr>
<tr><td colspan="2">학대피해노인 전용쉼터</td></tr>
<tr><td rowspan="5">이용</td><td>재가</td><td>재가노인복지시설: 방문요양, 주·야간보호, 단기보호, 방문목욕, 재가노인지원, 방문간호</td></tr>
<tr><td rowspan="2">여가</td><td>노인복지관</td></tr>
<tr><td>경로당, 노인교실</td></tr>
<tr><td colspan="2">노인보호전문기관</td></tr>
<tr><td colspan="2">노인일자리지원기관</td></tr>
<tr><td rowspan="8">아동</td><td rowspan="5">생활</td><td colspan="2">아동양육시설, 공동생활가정</td></tr>
<tr><td colspan="2">아동일시보호시설</td></tr>
<tr><td colspan="2">아동보호치료시설</td></tr>
<tr><td colspan="2">자립지원시설</td></tr>
<tr><td colspan="2">공동생활가정: 학대피해아동 쉼터로 지정된 곳에 한함</td></tr>
<tr><td rowspan="3">이용</td><td colspan="2">아동상담소, 아동전용시설, 가정위탁지원센터</td></tr>
<tr><td colspan="2">지역아동센터, 아동보호전문기관</td></tr>
<tr><td colspan="2">어린이집: 국공립, 법인, 직장, 부모협동, 민간</td></tr>
</table>

<table>
<tr><th>대상자별</th><th>형태</th><th colspan="2">시설 종류</th></tr>
<tr><td rowspan="12">장애인</td><td rowspan="5">생활</td><td rowspan="5">생활시설</td><td>장애 유형별 거주시설</td></tr>
<tr><td>중증 장애인 거주시설</td></tr>
<tr><td>장애 영·유아 거주시설</td></tr>
<tr><td>장애인 단기 거주시설</td></tr>
<tr><td>장애인 공동생활가정</td></tr>
<tr><td rowspan="7">이용</td><td rowspan="4">지역사회
재활시설</td><td>장애인복지관</td></tr>
<tr><td>장애인 주간보호시설</td></tr>
<tr><td>장애인 체육시설, 장애인 수련시설, 장애인 생활이동지원센터</td></tr>
<tr><td>수화통역센터, 점자도서관, 점서 및 녹음서 출판 시설</td></tr>
<tr><td colspan="2">장애인의료재활시설</td></tr>
<tr><td>직업재활시설</td><td>장애인 보호작업장, 장애인 근로사업장, 장애인 직업적응훈련시설</td></tr>
<tr><td colspan="2">장애인 생산품 판매시설</td></tr>
<tr><td>지역 주민</td><td>이용</td><td colspan="2">사회복지관</td></tr>
<tr><td rowspan="4">기타 시설</td><td rowspan="2">생활</td><td colspan="2">정신요양시설, 정신재활시설 중 생활시설</td></tr>
<tr><td colspan="2">노숙인 자활시설, 노숙인 재활시설, 노숙인 요양시설</td></tr>
<tr><td rowspan="2">이용</td><td colspan="2">정신재활시설 중 이용시설, 노숙인 종합지원센터, 노숙인 진료시설</td></tr>
<tr><td colspan="2">지역자활센터</td></tr>
</table>

(2) 온라인 기부

기부문화는 기존의 형태에서 온라인으로도 기부하는 형태로 그 영역을 넓혀가고 있다. 포털사이트나 스마트폰 애플리케이션에서 적은 돈을 조금씩 적립하여 기부할 수 있다. **온라인상에서 돈을 직접 기부할 수도 있고, 여러 형태의 사이버 기부금을 모아서 기부할 수도 있다. 여러 방법을 알아보고, 재미있고 보람 있는 나눔활동을 실천해 본다.**

① 네이버 '해피빈'

인터넷 기부의 대표 브랜드로 자리 잡은 네이버의 '해피빈'은 카페, 블로그, 쇼핑 등의 다양한 경로로 사이버 기부금인 콩을 모아 도움이 필요한 다양한 계층에 기부하는 네이버의 '기부 브랜드'이다. 콩 1개에 100원의 가치를 적용하며, 개인 블로그나 가입한 카페 등에 설치된 '콩저금통'에 저금하여 기부할 수 있다.

② 카카오톡 '플러스친구'

카카오톡 '플러스친구'에는 유니세프, 사랑의열매, 초록우산 어린이재단, 대한적십자사, 세이브더칠드런 등 다양한 사회공헌기관이 등록되어 있다. 카카오톡 메시지로 캠페인과 구호, 봉사활동, 헌혈, 기부 문화를 전한다. 카카오에서는 사회공헌기관의 플러스친구 운영만을 지원하며, 돈을 기부할 수는 없다. 카카오톡 플러스친구에 올라오는 사회공헌기관의 다양한 정보를 확인하고 나에게 맞는 나눔을 실천하면 된다.

③ '기부천사' 애플리케이션

발신할 때마다 4초간의 광고를 송출하고 그 광고 수익으로 사용자가 원하는 곳에 기부하는 '기부천사' 애플리케이션이 있다. 통화량에 따라 통화 요금의 일부를 포인트로 적립하여 기부할 수 있다. 직접 낸 돈을 들이지 않고 광고를 잠시 보는 것으로 기부가 되는 앱이다. 경제 공부를 하는 우리이므로 광고의 유혹에서 승리하는 게임을 하면서 기부하면 더욱더 보람이 있다.

(3) 재능기부

재능기부란 전문지식이나 특별한 자격을 갖추지 않더라도 자신이 가지고 있는 재능을 나누며 기부활동에 참여하는 것이다.

본인이 가진 재능으로 자원봉사를 하기 위해서는 재능나눔형 자원봉사 POOL에 등록신청을 해야 한다. 신청 후 센터관리자의 온라인 승인, 오프라인 면접을 통해 재능나눔 봉사자 POOL에 등록이 완료되면 재능을 기부할 수 있다.

| 표 9 | 재능기부 유형

구분	활동 영역	활동 예시
슈바이처 프로젝트	의료, 보건, 건강 관련 분야	의사, 한의사, 수의사, 스포츠 마사지, 수지침, 이혈, 발 마사지 등 의료 활동이나 의료 활동을 위한 후원, 보건·의료 활동, 대체의학요법, 보건위생, 응급처치 등
오드리 햅번 프로젝트	문화, 예술 관련 분야	예술가, 문화 관련 프로그램 제공, 전시·관람 등 기회 제공, 사진·영상, 디자인, 미용, 메이크업, 마술, 모델, 환경 캠페인 등
마더 테레사 프로젝트	저소득층 및 사회복지 분야	사회복지 관련 시설 기관 봉사 및 후원, 독거노인, 어르신 돌봄, 그룹홈·쉼터 지원 등
키다리 아저씨 프로젝트	멘토링, 상담, 교육, 결연 분야	결연, 상담, 멘토, 독서 및 학습 지도, 법률·금융·세무·회계 교육기회 제공, 장학 지원, 심리 상담 등
헤라클레스 프로젝트	체육, 기능, 기술 관련 분야	체육활동 및 교육, 집수리 봉사, 운전, 배송, 엔지니어링, 기술 제공 및 자문 등

출처: 한국자원봉사협의회 - 캠페인 소개 - 프로젝트 소개.

(4) 기타 기부, 나눔활동

우리 부부는 결혼을 하면서 국제 구호 기구에 가입해서 1대1 결연사업을 통해 후원을 시작했다. 후원 아동이 만 18세 성인이 되면 후원이 종료되고, 다른 아동과 다시 1대1 결연을 맺어 준다. 후원을 시작할 때만 해도 아직 글씨를 몰라 사진 편지나 손바닥 편지를 보내던 후원 아동이 어느 새 성인이 되어서 작별인사로 장문의 감사 편지를 보내오면, 비록 멀리 떨어져 있지만 뭉클한 감동을 받는다.

또한, 아이가 태어날 때 후원 기관을 선정해서 아이의 이름으로 후원을 시작하였다. 저자의 두 아이들은 정기적으로 오는 사진과 편지를 보면서 어리지만 자신들과 다르게 사는 친구의 삶에 관심을 갖고 공감하려는 모습을 보여 뿌듯하고 기쁘다.

기부를 통한 후원은 손쉬우면서도 큰 보람과 감동이 있고, 앞서 말했던 발달기의 아동에게는 공감 능력과 상상력을 기를 수 있는 좋은 방법이기도 하다. 수입에 대한 예산을 세울 때 10%의 금액을 떼어서 후원 신청을 하고 자동이체를 걸어 놓으면 힘들지 않게 좋은 일을 하면서 좋은 효과도 누릴 수 있다.

CHAPTER 4

선생님이랑 친구랑 '경제 프로젝트' 수업

CHAPTER 4

선생님이랑 친구랑 '경제 프로젝트' 수업

유아교육기관의 교육 프로그램 중 '프로젝트 접근법'은 아이들이 흥미 있어 하는 주제를 스스로 회의를 통해 정하고, 그 주제에 대한 아이들의 흥미도에 따라 심층적으로 다루어 보는 프로그램이다. 프로젝트 접근법은 아이들이 주도하여 실제로 조사하고, 이야기 나누고, 체험하는 프로그램이기 때문에 시간을 넉넉히 계획하여 진행한다. 보통 하나의 주제로 3~6개월 정도 진행하며, 오랜 시간을 진행함으로써 원래의 교육목표보다 훨씬 더 확장된 교육목표를 달성할 수 있고, 창의적인 효과를 볼 수 있는 교육기법이다.

교육에서 가장 효율적인 것은 교육기관과 가정의 연계이다. 유아교육기관에서도 경제교육 프로그램을 진행하여 가정의 경제습관교육과 연계한다면 그 효과는 몇 배가 된다.

어린이 경제교육은 일상에서 지속적인 습관화 교육을 통해 경제 개념과 인성이 동시에 자라나도록 하는 것이다. 유아교육기관에서 실시한 경제교육 프로그램을 소개하는 것은 교사와 유아가 함께 경제 개념에 관하여 쉽게 접근하고 체험하도록 하여 가정과 효율적인 연계가 이루어지도록 하기 위함이다.

이 장에서는 유아교육기관에서 '프로젝트 접근법'을 활용하여 어린이 경제교육을 시행한 실제 사례를 살펴본다. 이 사례가 바람직한 경제인성 습관을 형성하는 데 도움이 되기를 바란다.

경제교육 프로젝트 접근법

회기	주제	활동
1회기	경제를 왜 알아야 할까요?	경제를 왜 알아야 하나요?
2회기	돈에 대해서 알아봐요	다양한 돈이 있어요
3회기		돈으로 할 수 있어요
4회기		화폐박물관 견학하기
5회기	현명하게 계획하고 소비해요	살 물건을 계획해요
6회기		계획한 물건을 구입해요
7회기		구입한 물건을 활용해요
8회기		시장은 왜 생겨났을까요?
9회기	저축하고 관리해요	모두 다 가질 수 없어요. 선택해요
10회기		저축은 왜 해야 하나요?
11회기		은행에 다녀와요
12회기	좋은 부자가 되어요	자원은 제한되어 있어요
13회기		절약하고 재활용해요
14회기		함께 나누어요

01 경제를 왜 알아야 하나요?

활동 목표 • 경제에 대해서 인식하고 경제를 왜 알아야 하는지 안다.
활동 형태 • 대·소집단
활동 자료 • 한국은행 어린이 경제교육 동영상 '경제를 왜 알아야 하나요?'
• 경제 관련 ○/× 퀴즈

활동 방법

1 교사와 이야기 나누기 형태로 모여 앉아 즐겁게 이야기를 나눈다.

2 한국은행 어린이 경제교육 1편 '경제를 왜 알아야 하나요?' 동영상을 시청한다.

한국은행 홈페이지: http://kids.bokeducation.or.kr/index.jsp
경제교육 ▸▸ 온라인학습 ▸▸ 어린이 ▸▸ 21일간의 경제여행 ▸▸ 1. 경제를 왜 알아야 하나요?

동영상 내용

한은이 무슨 책을 그렇게 열심히 읽니?
중은이 『알기 쉬운 경제 이야기』라는 책인데 아주 쉽고 재미있어.

한은이　경제라고? 우린 아직 그런 건 몰라도 되는 나이 아니야?

중은이　아냐! 이제는 우리 같은 초등학생도 경제를 모르면 어디 가서 창피당한다고!

한은이　설마. 그럼, 우리 지금부터라도 경제에 대해 공부해 볼까?

(중략)

교　사　왜 한은이는 이 모든 것을 다 사지 못할까요? 그건 돈이 모자라기 때문입니다. 중은이도 하고 싶은 일이 많지만 다 할 수는 없죠. 왜 그럴까요? 그건 이 모든 일을 다 하기에는 시간이 부족하기 때문입니다. 여러분도 한은이나 중은이처럼 돈이나 시간이 부족하다고 느낀 적이 있죠? 자! 그럼 이 문제를 어떻게 해야 좋을까요?

교　사　이런 문제에 답을 얻으려면 경제를 알아야 합니다. 경제는 돈이나 시간을 적게 사용해서 더 큰 만족을 얻거나 일을 더 잘할 수 있는 방법을 알려 주기 때문입니다. 예를 들면, 경제는 다음과 같은 문제들을 연구하고 우리에게 답을 알려 줍니다.

중은이　용돈을 어떻게 쓰면 더 큰 만족을 얻을 수 있을까?

(중략)

교　사　경제를 잘 아는 사람은 남들보다 공부나 일을 더 효율적으로 할 수 있습니다. 그러므로 경제를 잘 알게 되면 자신의 목표를 이루어 내는 데 큰 도움이 된답니다.
그럼, 경제를 잘 알면 어떤 사람이 될 수 있을까요?

성인 1　경제를 잘 알게 되면 공부나 일을 더 효율적으로 할 수 있어요.

성인 2　세계적인 기업 또는 회사를 경영하고 싶은 사람은 유능한 기업가나 경영인이 될 수 있어요.

성인 3　위대한 발명을 하고 싶은 사람은 훌륭한 과학자도 될 수 있습니다.

(후략)

사이트 2 **한국은행: http://www.bokeducation.or.kr/index.do**

3 경제를 알아야 하는 이유에 대해서 이야기 나눈다.

교 사 경제를 왜 알아야 할까요?

유아 1 경제를 알면 무엇이 부족한지 알 수 있어요.

유아 2 경제를 알면 돈이나 물건을 잘 사용할 방법을 알 수 있대요.

유아 3 경제라는 말은 참 어려워요.

교 사 그래요. 경제라는 말은 어렵지만 자주 듣고 알아보면 쉬워질 거예요.

교 사 경제는 여러 가지 물건이나 생각 중에서 현명한 선택을 할 수 있도록 도와줘요.

유아 1 내가 좋아하는 인형 중에서 어떤 것을 골라야 하는지 도와준다고요?

유아 2 같은 인형이어도 어떤 마트는 더 비싸게 팔고 다른 데는 싸게 팔고 해서 알아보고 사야 해.

유아 3 그럼, 경제를 알면 돈도 절약되고 부자 될 수 있겠네요.

4 경제와 관련한 ○/X 퀴즈를 풀어 본다.

교 사 선생님이 경제퀴즈를 준비했어요. 우리 친구들 함께해 봐요.

Q 부족한 것을 잘 해결하기 위해 경제를 알아야 한다.

유아 1 경제를 알아야 부족한 것을 정확히 알 수 있어요.

유아 2 경제를 알면 부족한 것을 해결할 수 있어요. 오, 오!

Q 어른은 부족한 것이 없이 늘 넉넉하다.

유아 3 엄마, 아빠가 열심히 일해서 은행에 돈을 넣어야 해요.

유아 4 엄마, 아빠도 늘 넉넉한 건 아니네요? 엑스, 엑스!

교 사 와! 우리 친구들 경제박사가 되고 있어요.

Q 돈은 무조건 은행 가서 카드기에서 뽑으면 된다.

유아 1 아니요. 엄마, 아빠가 은행에 돈을 넣어 놓아야 뽑을 수 있어요. 엑스!

참고

1. 수업에서 사용한 동영상 '경제를 왜 알아야 하나요?'는 초등학생을 대상으로 한 것이어서 다소 어려운 용어로 경제에 관해 설명한다. 마지막 부분에는 앞의 내용을 문제로 만들어 풀어 보는 '쟁반 퀴즈방'이 나온다.
   아이가 초등학생 이상이면 해당 동영상을 활용하면 된다.
   유아교육기관에서는 동영상의 용어보다 좀 더 쉽게 풀어서 활용한다.

2. 한국은행 홈페이지에는 다양한 경제 정보와 관련 교육 자료를 만나 볼 수 있다. 어린이, 청소년, 성인 등으로 구분되어 있어 온라인상에서 경제 공부를 할 수 있다. 오프라인 교육은 신청을 받아 일정 인원이 모이면 교육이 가능하니 사이트를 방문하여 다양한 정보를 얻기를 권한다.

02 다양한 돈이 있어요

활동 목표 • 다양한 화폐 그림 자료를 보며 화폐의 생김새를 살펴보고 이야기 나눈다.

활동 형태 • 대·소집단

활동 자료 • 다양한 화폐 그림 자료
• 활동지 '똑똑 꼬마 경제인'(부록 참조), 색연필

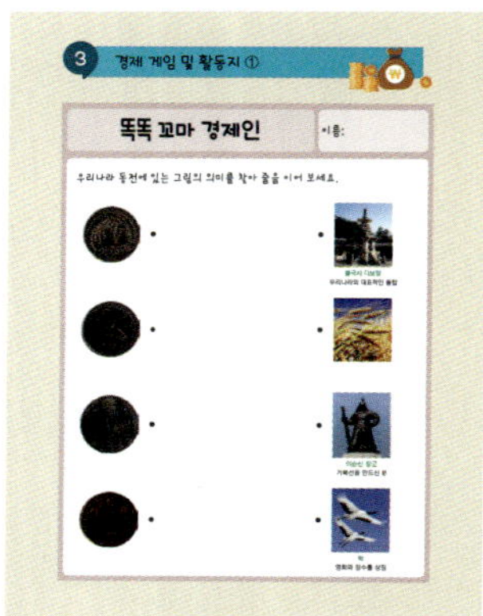

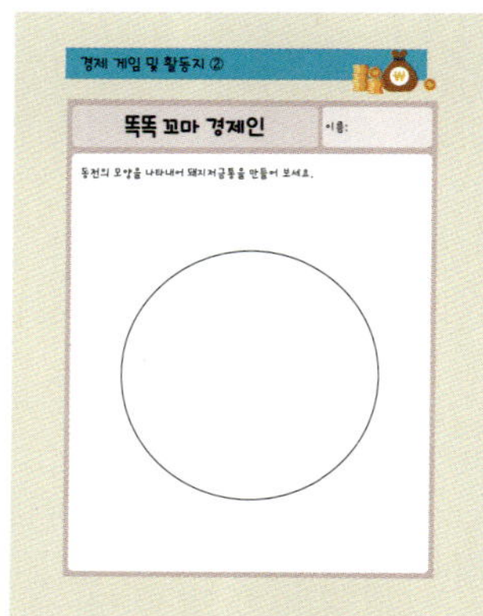

활동 방법

1 다양한 화폐 그림 자료를 보며 화폐의 생김새를 살펴보고 이야기 나눈다.

- 동전 속에 숨어 있는 그림은 무엇일까요?
- 단위에 따라 동전의 차이점은 무엇이 있을까요?
- 어떤 단위의 동전이 가장 큰 돈일까요?

2 화폐를 관찰한 후 모둠을 나누어 모둠별로 토의하고 활동한다.

- 화폐 속에는 어떤 것들이 그려져 있나요?
- 우리 모둠에서 그려 넣고 싶은 것은 무엇이 있나요?
- 숨은 그림에는 무엇을 넣고 싶나요?

3 토의한 내용을 정리하여 모둠별로 우리만의 화폐를 만들어 본다.

4 완성한 화폐를 다른 친구들에게 소개해 본다.

확장 활동

1. 프로젝트 접근법은 아동이 어떤 주제에 흥미를 가지면 계획을 세워서 시작하고 2회차 수업처럼 한국 화폐에 대해서 알아보다가, 유아가 외국 화폐에 대해서 관심을 보이면 아이의 관심에 맞추어 확장하여 활동을 진행한다. 실제 수업에서도 다음 날 아이가 외국 화폐를 가지고 와서 외국 화폐를 비교 분석해 보는 활동으로 확장되었다.

2. 가정에서 아이들과 해외여행을 할 때 다른 나라의 돈과 우리나라의 돈을 비교하면서 이야기를 나누어 보면, 화폐마다 단위가 다르고 다양한 종류가 있다는 것을 알게 되어 이후 어려운 환율 공부를 할 때도 쉽게 접근할 수 있다.

교 사	오늘은 우리나라의 다양한 돈에 대해서 활동을 해 보았어요.
유아 1	우리 중국 할아버지가 돈을 주셨는데 이 돈하고 다르게 생겼어요.
교 사	할아버지가 중국에 살고 계셔서 중국 돈을 주셨구나?
유아 1	네! 중국 돈은 우리나라 돈하고 다르게 생겼어요. 내가 내일 가져와 볼게요.
교 사	좋아요. 다른 친구들도 집에 외국 돈이 있으면 가져와서 친구들과 함께 보면 좋겠어요.

03 돈으로 할 수 있어요

활동 목표 • 돈으로 할 수 있는 것이 다양하다는 것을 안다.
활동 형태 • 영역별 활동 / 대·소집단
활동 자료 • 가격이 표시되어 있는 전단지
• 인형, 책 등 구입이 가능한 물건들

활동 방법

1 교사는 가격이 표시되어 있는 전단지를 수 활동 영역에 부착해서 유아가 볼 수 있도록 한다.

2 이야기 나누기 시간에 유아들에게 물건의 소비자 가격에 관해 알려 주고, 물건을 구입하려면 무엇이 얼마나 필요한지 이야기 나눈다.

교 사 마트에서 물건을 사려면 어떻게 하나요?
유아 1 마트에 가서 돈을 주고 사야 해요.
유아 2 우리 엄마는 전단지를 보고 싸게 나온 물건을 마트에 가서 사요.
유아 3 너무 비싼 물건은 돈이 없어서 못 살 수 있어요.

3 인형, 책, 우산 등 실제 물건을 놓고 가격표에 나와 있는 돈을 보여 주며 돈의 가치를 알도록 한다.

교 사 여기 인형에 10,000원이라고 가격표가 붙어 있어요.
그럼, 10,000원짜리 지폐 1개를 주거나 1,000원짜리 지폐 10개를 주면 이 인형을 살 수 있어요.

유아 1 책은 15,000원이라고 쓰여 있어요.

유아 2 책을 사려면 10,000원짜리 1장 그리고 5,000원짜리 1장을 주면 살 수 있어요.

유아 3 10,000원짜리만 있으면 어쩌지?

교 사 그럼, 20,000원에서 책값 15,000원을 빼고 나머지 5,000원을 거스름돈으로 받아요.

4 교사는 10,000원이 그려진 종이를 준비하여 보여 주고, 유아들은 친구들 앞에서 자신이 어떤 것을 살 수 있는지 발표한다.

유아 1 선생님! 저는 우산을 살래요.

유아 2 나는 10,000원으로 옷을 산 적 있어요. 엄마가 사 주셨어요.

유아 3 그런데 달이랑 별은 살 수 없나?

유아 2 달이랑 별은 돈으로 못 살 걸?

교 사 달이랑 별처럼 돈으로 살 수 없는 것도 있군요.
돈으로 살 수 없는 것은 또 뭐가 있을까요?

유아 3 엄마, 아빠도 돈으로 살 수 없어요. 그리고 하늘도요.

교 사 그래요. 돈으로 살 수 있는 것이 많이 있지만, 돈으로 살 수 없는 것도 많아요.

확장 활동

1. 아동기의 아이들은 구체적으로 눈에 보이는 활동이면 쉽게 이해할 수 있다. 요즘은 편리한 결제를 위해서 카드를 많이 사용하는데, 카드 결제의 경우 아이가 돈이 줄어드는 것을 직접 확인할 수 없으므로 '돈 쓰는 것'의 의미를 이해하기 어렵다. 경제교육을 할 때는 현금으로 물건을 사서 실제로 돈이 줄어드는 것을 보고 느끼게 하는 것이 좋다.

2. 현금으로 물건을 사서 돈이 줄어드는 것을 보는 활동 중, 아이와 함께 물건의 가격표를 보며 이야기를 나누면, 수에 대한 개념이 자연스럽게 잡힐 수 있다. 책에 있는 숫자는 어렵지만, 실생활에서 물건을 구입하면서 돈으로 계산해 보면 쉽고 재미있는 숫자 공부가 된다.

3. 돈으로 살 수 있는 것과 돈으로 살 수 없는 것에 관해 아이와 이야기 나누어 본다. 이때 돈으로 살 수 없는 부모의 사랑을 스킨십으로, 대화로, 놀이로 표현해 준다. 경제교육은 돈에 관한 공부만이 아니라 인성교육이기도 하므로 좋은 기회로 활용한다.

04 화폐박물관 견학하기

활동 목표 • 한국은행에 있는 화폐박물관을 방문해 보고 은행의 역할을 안다.
활동 형태 • 대·소집단
활동 자료 • 화폐박물관의 다양한 화폐와 활동 자료

활동 방법

1 한국은행은 무엇을 하는 곳인지 알아보고, 견학할 때 공공장소에서 지켜야 할 내용과 약속에 대해 이야기 나눈다.

교 사 은행은 무엇을 하는 곳일까요?
유아 1 은행은 돈을 만드는 곳이에요.
유아 2 우리 엄마는 은행에 가면 은행에서 엄마한테 돈을 주어요.
교 사 은행에서 엄마한테 돈을 주는 것은 엄마가 미리 돈은 넣어 두셨기 때문이에요.
유아 2 엄마가요? 엄마가 저 몰래 은행에 돈을 넣어 두셨다고요?
유아 1 우리 아빠가 그러시는데 은행에 돈을 맡겨 두면 은행에서 돈을 더 보태서 준대요.
교 사 그것을 '이자'라고 불러요.

사이트 3 한국은행 화폐박물관: https://www.bok.or.kr/museum/main/main.do

교 사 다양한 은행이 있지만, 한국은행은 다양한 은행을 관리해 주는 은행이에요.

유아 1 엄마랑 신한은행에 가 본 적 있어요.

유아 2 난 엄마랑 우리은행에 가 봤어요. 엄마가 저금을 하셨어요.

유아 3 우리 엄마가 카드 기계에 카드를 넣으니까 돈이 나왔어요.

교 사 은행에 돈을 미리 넣어 두면 카드 기계에서 찾을 수 있어요. 엄마도 은행에 돈을 미리 넣어 두고 카드 기계에서 찾으신 거예요.

교 사 우리가 가는 한국은행에서는 어떻게 견학하면 좋을까요?

유아 1 다른 사람에게 방해되지 않게 조용히 견학해요.

유아 2 저는 은행에 계시는 선생님에게 인사를 잘할 거예요.

유아 3 선생님을 놓치지 않도록 잘 따라다녀요.

교 사 좋아요! 은행에서 견학을 할 때는 조용히 질서를 지켜서 다른 사람에게 방해되지 않고 안전하게 잘 다녀오기로 해요.

2 차량으로 이동하여 한국은행 내에 위치한 '화폐박물관'을 관람한다.

- 화폐는 어떻게 만들어질까요?
- 예전에 사용한 화폐는 어떻게 생겼을까요?
- 다른 나라 화폐는 어떻게 생겼을까요?

3 화폐박물관에 비치된 스탬프 활동지에 스탬프를 찍으며 활동한다.

- 돈의 모형을 도장으로 찍을 수 있어요.
- 돈에 그려진 사람 얼굴에 내 얼굴을 찍어서 넣을 수 있어요.
- 스탬프 활동을 할 수 있는 다양한 곳을 찾아보아요.

4 화폐박물관에 대해 궁금한 것을 박물관 직원에게 물어보는 시간을 갖는다.

- 기념주화란 무엇인가요?
- 가짜 돈은 어떻게 알 수 있나요?
- 돈이 찢어지면 새 돈으로 바꾸어 주나요?

5 한국은행을 견학한 후 한국은행에서 하는 일에 대해서 이야기하고, 가장 기억에 남는 장면을 그려 본다.

6 완성된 스탬프 활동지를 보며 경제 개념에 대해 이야기 나눈다.

- 우리가 화폐를 오랫동안 깨끗하게 사용하려면 어떻게 해야 할까요?

가정 연계 활동

1. 한국은행 '화폐박물관'은 옛날 엽전부터 오늘날의 돈까지 다양하게 전시되어 있으며, 화폐의 역사에 대해 흥미롭게 구성해 놓았다. 실제 돈의 무게를 경험해 볼 수 있고, 은행구좌로만 오가는 돈을 실제로 보고 체험할 수 있어 어른에게도 흥미로운 장소이다.

2. 한국은행은 중앙은행답게 철저한 경비를 자랑한다. 방문 전에 홈페이지에서 예약을 하고 방문하는 것이 편리하다.

3. 박물관 내에 있는 스탬프 활동지를 활용한다. 아이와 함께 구석구석 빠트린 곳 없이 돌아다니면서 도장을 찍어 보면 재미있게 체험할 수 있다.

05 살 물건을 계획해요

활동 목표 • 시장이나 마트의 기능을 알고 계획적인 소비를 안다.
활동 형태 • 대·소집단
활동 자료 • 동화책『여우가 시장에 가요』, 구입목록표

활동 방법

1 근처의 도서관을 방문하여 읽고 싶은 책을 읽고 대여해 온다.

교 사 오늘은 도서관 가는 날이죠? 도서관에 가서 읽고 싶은 책을 골라 봐요.
유아 1 선생님,『여우가 시장에 가요』재미있어요. 빌려서 가요.
유아 2 선생님, 여우가 시장 간 것처럼 우리도 시장에 가고 싶어요.

글: 지오프로이 두사트
그림: 지오프로이 두사트
옮김: 윤민용
발행: 기탄교육

2 동화책 『여우가 시장에 가요』를 들려주고 아이들과 이야기 나눈다.

교 사 여우가 간 곳은 어디인가요?

유아 1 여우는 시장에 갔어요.

교 사 여우가 간 시장에 여러분도 가 본 적 있나요?

유아 2 엄마랑 시장에 가 본 적 있어요.
과일 가게, 생선 가게, 고기 가게가 아주 많아요.

교 사 시장에서 어떤 물건을 샀어요?

유아 3 엄마가 시장에서 커다란 수박을 사 주셨는데 정말 맛있었어요.

3 시장이나 마트가 어떤 곳인지 알아본다.

교 사 시장에는 다양한 물건이 많이 있어서 필요한 물건들을 살 수 있어요.

유아 1 여우는 시장에 갔는데 우리 엄마는 마트에 더 자주 가요.

교 사 마트는 여러 가지 물건이 한곳에 있어서 편리해요.

유아 2 시장은 가게마다 돈을 주는데 마트는 한꺼번에 계산해서 편리해요.

4 시장이나 마트에 있는 다양한 물건 중에서 나에게 필요한 물건만 사려면 어떻게 하는지 이야기 나눈다.

교 사 시장에 가면 맛있고 좋은 물건이 너무너무 많아요.
그것들을 모두 사면 돈이 너무 많이 들고, 다 사용할 수도 없어요.

유아 1 엄마랑 마트에 가서 물건을 보면 꼭 필요하지 않아도 막 사고 싶어요.

유아 2 우리 엄마, 아빠는 물건을 다 사면 안 되니까 미리 약속한 것만 사야 한다고 했어요.

교 사 마트에 가기 전에 필요한 물건을 적어서 약속한 것만 사면 좋겠네요.
약속한 물건을 다 샀는데, 또 다른 게 사고 싶으면 꼭 필요한지 다시 한번 생각해 봐요.

5 샌드위치를 만들기 위해 구입할 물건을 계획해 보는 '구입목록표'를 만든다.

교 사 샌드위치를 만들려면 시장에서 무엇을 사야 할까요?

유아 1 빵이 있어야 해요. 빵에 잼을 바르면 맛있어요.

유아 2 마요네즈도 바르면 맛있어요. 우리 엄마는 달걀을 넣어 주셨어요.

6 각자의 자리로 가서 '구입목록표'에 있는 재료 중 자신이 살 것을 결정해서 재료에 자신의 이름을 붙인다.

교 사 구입목록표에 있는 재료 중에 내가 살 것에 내 이름을 붙여 보세요.

유아 1 구입목록표에 있는 물건 중 나는 빵을 살 거야.

유아 2 나는 양상추를 살 거야.

유아 3 나는 달걀과 케첩을 살 거야.

7 '구입목록표'가 완성되면 다시 대집단으로 모여 예상 금액을 적어 보고, 필요한 물건이 바르게 기재되었는지 교사와 유아가 함께 확인해 본다.

교 사 샌드위치를 만들려면 빵, 양상추, 채소, 달걀, 잼, 케첩이 필요해요.
빵은/양상추는/채소는/달걀은 얼마일까요?
샌드위치를 만들 때 필요한 물건을 모두 적었나요?

List

'샌드위치' 만들기 재료 구입

빵 : 00원 - 소연, 수진이가 사기
양상추 : 00원 - 병수, 민호가 사기
채소 : 00원 - 승아, 지호가 사기
달걀 : 00원 - 채원, 윤재가 사기
딸기잼 : 00원 - 민채, 명근이가 사기
케첩 : 00원 - 지우, 하율이가 사기

8 마트에 가기 전에 마트에서 지켜야 할 예절과 방법에 대해서 알아본다.

교 사 마트에서 사고 싶은 물건을 많이 사겠다고 떼를 쓰면 안 돼요.

유아 1 제 동생은 마트에 가면 과자를 많이 사 달라고 떼를 써요.

유아 2 마트에서 떼를 쓰면 시끄럽고 엄마가 속상해해요.

유아 3 마트에서는 사기로 약속한 물건만 사요.

교 사 계산을 할 때는 차례차례 줄을 서요.

유아 1 엄마, 아빠랑 마트에 가면 사람들이 많아서 줄을 섰어요.

유아 2 차례로 줄을 서지 않으면 서로 싸우고 속상할지도 몰라요.

유아 3 차례로 줄을 서서 계산하면 즐겁게 할 수 있어요.

참고

1. 도입에서 활용한 『여우가 시장에 가요』는 경제동화는 아니다. 프로젝트 접근법 활동은 아이들이 흥미로워하는 주제로 활동을 확장해 가므로, 도서관에 방문했을 때 아이들이 경제 이야기에 사용하면 좋겠다는 의견에 따라 활동을 진행하였다. 실생활의 대부분이 경제와 관련되어 있으므로, 경제교육을 할 때 분야를 완전히 구분할 필요가 없다. 아이의 흥미대로 자연스럽게 진행한다.

2. 마트에 가기 전에 아이와 함께 구입할 물건의 목록을 작성하며 그 가격을 예상해 본다. 직접 마트에 가서 가격을 확인하면서 예상 금액과의 차이를 알게 하는 것도 일상에서 수학적 사고를 풍성하게 하는 경험이 된다.

06 계획한 물건을 구입해요

활동 목표 • 물건 구입 시 미리 계획하고, 합리적인 소비를 경험한다.
활동 형태 • 대·소집단
활동 자료 • 구입목록표(지난 시간에 작성한 것), 돈, 장바구니, 활동지

활동 방법

1 부모님과 함께 마트에 가 본 경험을 회상하면서 마트에 대해 이야기를 나눈다.

교 사 엄마, 아빠와 마트에 가 본 적이 있죠? 마트는 왜 있는 것일까요?

유아 1 주말에 엄마, 아빠랑 마트에 갔어요. 엄마는 딸기를 샀고, 아빠는 나랑 함께 놀 수 있는 블록을 사 주셨어요.

유아 2 우리 동네는 시장이 있어서 시장에 갔어요.
엄마, 아빠랑 시장에서 떡볶이도 먹고 순대도 먹었어요.
그리고 사과도 샀어요.

교 사 시장이 있는 곳은 시장에서 물건을 사고, 마트가 있는 곳은 마트에서 물건을 사면 돼요. 시장도 마트도 모두 우리가 물건을 편리하게 살 수 있어요.

교 사 마트에 갈 때 필요한 것은 무엇일까요?

유아 1 우리 엄마는 마트에 갈 때 휴대폰 계산기로 계산해요.

유아 2 우리 아빠는 마트에 갈 때 우리랑 살 것을 메모지에 써요.

교 사 마트에 갈 때 미리 살 것을 메모해서 가면 잊어버리지도 않고, 더 많이 사는 일도 줄어들어서 좋은 방법이에요.

2 마트 견학 시 지켜야 할 약속과 올바른 구입 태도에 대해서 이야기한다.

교 사 마트에 가면 어떻게 행동해야 할까요?

유아 1 마트에서 뛰거나 크게 소리치면 다른 손님에게 방해될 수 있어요.

유아 2 계산할 때는 차례로 줄을 서서 질서를 지켜야 해요.

유아 3 물건이 어디에 있는지 모를 때는 마트의 직원분께 공손하게 여쭈어 봐요.

3 마트를 방문하여 둘러보고 '구입목록표'에 작성한 대로 요리 활동에 필요한 재료를 구입한다.

유아 1 나는 달걀을 사야 하는데, 어디 있지?

유아 2 저쪽에서 봤어. 내가 알려 줄게!

유아 3 선생님! 양상추를 못 찾았는데 직원 아줌마가 알려 주셨어요.

유아 4 케첩이 높이 있었는데 직원 아저씨가 꺼내 주셨어요.

교 사 자기가 구입할 물건을 가져왔으면 이제 계산해 볼까요?
신용카드를 직원분께 드리면, 결제를 하고 영수증을 주실 거예요.

유아 5 선생님! 제가 신용카드로 결제를 해 볼게요.

교 사 얼마나 나왔나요? 음… 전부 34,500원이 나왔네요.

유아 2 와! 정말 비싸요.

교 사 물건을 하나씩 볼 때는 비싸지 않은 것 같은데, 모아서 계산해 보니 30,000원이 넘었어요.

4 마트 직원에게 궁금한 점을 문의하는 시간을 갖는다.

유아 1 채소를 보관하는 곳에서는 왜 흰 연기가 나요?

직 원 채소는 신선하게 보관해야 해서 시원한 냉장고에 두어요. 이 냉장고는 문이 달려 있지 않아서 안에 있는 차가운 바람이 바깥의 공기와 만나게 돼요. 그렇게 온도가 다른 공기가 만나는 순간 흰 연기가 보이게 돼요.

유아 2 결제를 하고 나면 왜 영수증을 주나요?

직 원 영수증에는 내가 산 물건이 무엇이고 얼마인지 찍히니까 바르게 샀는지 확인할 수 있어요. 만약 영수증에 잘못 산 물건이 있으면 영수증을 보여 주고 취소할 수 있어요.

유아 3 시식 코너는 왜 있나요?

직 원 새로 나온 맛있는 음식이 있으면 시식 코너에서 먹어 보고 필요하면 살 수 있어요.

5 견학을 마치고 돌아와서 마트에서 본 것들과 구입 과정을 회상해 본다.

교 사 오늘 마트에서 기억에 남은 것을 그려 볼까요?

유아 1 저는 마트 냉장고에 채소가 가득 들어 있고 하얀 연기가 올라오는 것을 그릴 거예요.

유아 2 마트에 가득 있는 과자를 그릴 거예요. 너무 좋아요.

교 사 마트에 '구입목록표'를 가지고 가지 않으면 어떻게 될까요?

유아 1 우리 엄마는 마트에 갈 때 '구입목록표'를 쓰지 않고 물건을 사요.
그래서 엄청 많이 사요.

유아 2 저는 엄마, 아빠가 계산할 때 계산대 옆에 있는 작은 장난감이 갖고
싶어서 엄마한테 사 달라고 졸랐어요.

6 역할 영역에서 마트놀이를 하면서 마트에서의 경험을 확장한다.

가정 연계 활동

1. 교육기관에서는 마트 견학 활동을 단체로 진행하므로 물건을 고르는 방법이나 가격 비교 방법 등을 개별적으로 교육하기가 쉽지 않다.
   그러므로 가정과의 연계를 통하여 부모와 마트를 방문할 때 경험해 보도록 한다. 예를 들어, 가격이 다른 같은 종류의 물건 2개 중 어느 것을 고르면 좋을지 생각하는 시간을 충분히 가져 보고 구입하는 경험을 해 본다.

2. 마트에 가기 전에 아이와 함께 '구입목록표'를 작성하고 가격을 예상해 본 후 필요한 물건을 구입하는 활동을 한다. 이러한 과정을 통해서 자연스럽게 경제습관 교육과 수학교육을 할 수 있다.
   또한, 결제를 유아가 직접 해 보고 영수증을 확인하는 습관을 길러 주는 것도 좋다.

07 구입한 물건을 활용해요

활동 목표 • 직접 구입한 물건을 활용하는 경험을 한다.
활동 형태 • 대·소집단
활동 자료 • 직접 구입한 요리 재료, 플라스틱 빵 칼, 접시, 요리 순서도

활동 방법

1 마트에서 직접 구입한 재료들에 대해 이야기를 나눈다.

유아 1 저는 치즈를 샀어요.
치즈가 높이 있었는데 판매원 아저씨가 내려주셨어요.

유아 2 저는 슬라이스햄을 샀어요.
슬라이스햄은 얇게 잘려 있어서 샌드위치 만들기 좋아요.

유아 3 저는 딸기잼을 샀어요. 빵에 발라 먹으면 아주 맛있어요.

유아 4 마트에 있는 많은 물건들은 어디에서 와요?

교 사 다양한 곳에서 많은 분들이 수고해 주셔서 마트에 물건들이 모여요. 치즈와 햄은 목장에서 오고, 과일은 과일농장에서 와요. 딸기잼은 딸기를 수확해서 회사에서 맛있게 만들어서 마트에 보내면 마트에서 우리에게 팔아요.

2 샌드위치 요리활동을 할 재료와 도구에 대해서 이야기를 나눈다.

교 사 여러분이 마트에서 사 온 샌드위치 재료는 무엇이 있나요?

유아 1 샌드위치를 만들려면 칼이 필요한데….

유아 2 어린이는 안전을 위해 플라스틱 빵 칼을 사용해요.

3 요리 순서도를 보며 요리 순서를 알아보고, 샌드위치를 만든다.

① 식빵에 잼을 바른다.
② 식빵 위에 슬라이스햄, 치즈, 양상추 등을 올린다.
③ 식빵을 돌돌 말아 롤을 만들고 4등분해 자른다.
④ 개인 접시에 옮겨 담은 후 맛있게 먹는다.
⑤ 재료와 도구를 정리하여 주변을 깨끗이 한다.

4 직접 구입한 물건으로 요리를 해서 먹어 본 소감을 이야기 나눈다.

유아 1 마트는 정말 크고 없는 것이 없어요. 모두 다 있어요.

유아 2 엄마가 만들어 준 샌드위치보다 내가 만든 샌드위치가 더 맛있어요.

유아 3 엄마한테 함께 장을 봐서 샌드위치를 만들어 먹어 보자고 할래요.

유아 4 선생님, 정말 재미있었어요. 또 마트에 가서 물건을 사고 요리해요.

가정 연계 활동

교육기관에서는 대 · 소집단 형태로 요리활동을 하기 때문에 불을 사용하기 어려워 만들 수 있는 요리가 제한적이다. 가정에서는 부모와 함께 안전하게 불을 사용할 수 있기 때문에 떡볶이나 파스타 등 다채로운 요리로 활동을 진행해 보면 좋다. 재료를 구입하기 전에는 반드시 아이와 함께 '재료 구입목록표'를 작성하고, 마트에 가서는 미리 계획한 대로 구입목록표의 물건만을 산다. 부모와 함께 즐겁게 요리활동을 해 보면 경제교육과 인성교육을 동시에 할 수 있으며 즐겁고 뜻깊은 시간을 보낼 수 있다.

08 시장은 왜 생겨났을까요? (엽전으로 물건을 사요 - 통인시장 방문)

활동 목표 • 재래시장을 견학하며 판매자와 소비자에 대해서 경험한다.
활동 형태 • 대·소집단
활동 자료 • 사진기, 필기구, 기록지, 질문 목록

활동 방법

1 지난 시간에 마트에 간 경험을 회상하고, 재래시장 경험에 관해 이야기 나눈다.

교 사 지난 시간에 함께 마트에 다녀왔는데, 마트는 어땠나요?
유아 1 마트는 정말 물건이 많아요.
유아 2 마트는 물건이 종류별로 정리되어 있어요.
유아 3 마트의 냉장고에서 하얀 연기 같은 게 나와서 신기했어요.

교 사 마트는 물건을 모두 고르고 한곳에서 결제하는데, 시장은 조금 달라요.
유아 1 마트에서는 친구들이 산 물건을 모두 모아서 계산대에서 계산했어요.
유아 2 시장은 물건을 살 때마다 계산해요.

교 사 편리하게 물건을 사기 위해서 시장이 생겼는데, 조금 더 편리하게 이용하려고 마트가 생겼어요. 시장에 가 본 적이 있나요?
유아 1 엄마랑 과일 사러 시장에 갔어요. 거기서 엄마가 붕어빵을 사 주셨어요.

유아 2　할머니랑 마트에 가서 생선을 샀어요. 할머니가 생선 요리를 맛있게 해 주셨어요.

교　사　시장에서 물건을 살 때 파는 사람과 어떤 이야기를 했나요?

유아 1　엄마가 사과를 파는 아주머니한테 깎아 달라고 했어요.

유아 2　시장에 판매하는 아주머니가 인사를 잘한다고 칭찬해 주셨어요.

2 재래시장 견학에 대해서 유아들과 의논하면서 계획한다.

교　사　시장에 가면 무엇을 하고 싶어요?

유아 1　엄마가 사 주셨던 붕어빵을 사서 다시 먹고 싶어요.

유아 2　시장에 있는 인형을 사고 싶어요.

유아 3　시장에서 물건을 팔아 보고 싶어요.

교　사　시장에서 주의해야 할 점은 무엇인가요?

유아 1　시장은 밖에 있고, 사람이 많이 있으니까 선생님을 잃어버리지 않도록 조심해요.

유아 2　시장은 꽈배기 만드는 가게, 튀김 가게 같은 곳이 있어서 뜨거운 것에 데거나 다치지 않도록 조심해요.

교　사　판매하시는 분께 여쭈어 보고 싶은 것이 있나요?
질문을 써 보아요.

List

질문목록

① 시장은 언제부터 있었어요?
② 시장에는 어떤 물건이 있어요?
③ 이 물건은 어디에서 가지고 오나요?
④ 엄마가 깎아 달라고 하면 속상해요?
⑤ 사장님은 시장에서 살아요?

3 옛날 시장의 모습을 하고 있는 '통인시장'을 방문하여 계획한 것을 조사한다.

- 가게의 종류와 파는 물건을 살펴본다.
- 판매자와 소비자의 거래 과정을 살펴본다.
- 물건을 고르고 가격을 흥정하고 구입하는 일련의 과정을 경험한다.

4 궁금한 점을 상인에게 물어본다.

유아 1 이 물건은 어디에서 가지고 오는 거예요?

유아 2 사장님은 여기에서 살아요?

유아 3 깎아 달라고 하면 속상해요?

유아 4 이 물건은 사장님께서 만드셨어요?

5 돈을 엽전으로 교환한 후 유아에게 나누어 주고, 직접 점심거리를 사서 먹어 본다.

교 사 이것은 엽전이라고 해요. 옛날 우리 조상님이 쓰던 돈이에요.
선생님이 친구들에게 5냥씩 나누어 줄 거예요.
각자 먹고 싶은 것을 이 도시락통에 사 와서 먹어 봐요.

유아 1 선생님, 저는 떡볶이를 사고 싶어요.

유아 2 저는 고구마맛탕을 사고 싶어요.

유아 3 선생님, 김밥을 사고 엽전이 남았어요.

교 사 물건을 사고 엽전이 남은 친구는 어떻게 하고 싶어요?

유아 4 집에 가져가서 엄마, 아빠께 보여 드리고 저금할 거예요.

6 견학 후 시장의 유래와 판매자와 소비자의 다른 점에 대해서 이야기 나눈다.

- 옛날에는 한 사람이 한 가지 물건만 팔았기 때문에 서로 필요한 물건을 바꿔 써야 했어요.
- 물건을 편하게 바꾸기 위해서 사람들이 모였고 시장이 생겼어요.
- 옛날에는 매일 시장이 열리지 않았고, 며칠에 한 번씩 장날을 만들어 그 날에 물건을 파는 사람과 사는 사람이 모여서 사고팔았어요.
- 지금은 좀 더 편리하게 한곳에 물건을 모아 놓고 계산도 한꺼번에 할 수 있는 마트가 생겼어요.

참고

1. 서울시 종로구에 있는 '통인시장'은 시장의 예전 모습을 그대로 간직하고 있어서 학생들이 견학하거나 한국 전통을 궁금해하는 외국인 관광객이 많이 찾고 있다. 옛날 방식대로 엽전으로 물건을 살 수 있다. 엽전은 통인시장의 중앙에 있는 상인회 사무실에서 교환할 수 있다.

2. 통인시장 안에서 먹을 것을 사면 도시락에 음식을 담아 주며, 통인시장의 중앙에 마련되어 있는 '도시락 카페'에서 먹을 수 있다.

09 모두 다 가질 수 없어요. 선택해요

활동 목표 • 여러 가지 중에 선택해야 함을 알고 실천한다.
활동 형태 • 대·소집단
활동 자료 • 동화책 『모두 내 거야!』, 『용돈 주세요』

활동 방법

1 동화책 『모두 내 거야!』를 들려주고 이야기 나눈다.

- 동화 속 친구들이 사자의 행동 때문에 속상해하고 있어요. 왜 그런가요?
- 사자는 왜 그런 행동을 했을까요?
- 선생님도 친구들도 모든 것을 다 갖고 싶어요. 하지만 선택해야 해요.

글: 루 피콕
그림: 리사 시한
옮김: 김은재
발행: 도서출판 키즈엠

2 동화책 『용돈 주세요』를 들려주고 이야기 나눈다.

글: 고대영
그림: 김영진
발행: 길벗어린이

교 사 병관이는 마트에서 갖고 싶은 장난감이 생겼어요.
여러분은 갖고 싶은 장난감이 생기면 어떻게 하나요?
어떤 집안일을 하고 용돈을 받을 수 있을까요?

유아 1 이불 개기는 내가 해야 할 일이니까 용돈을 받을 수 없어요.

유아 2 엄마 대신 동생을 잘 돌봐 주고 용돈을 받아요.

유아 3 아빠 구두를 닦아 드리고 용돈을 받아요.

3 동화책을 '언어 영역'에 두고 각자 읽고 싶을 때 다시 읽을 수 있도록 한다.

- 선생님이 동화책을 '언어 영역'에 둘게요.
- 우리 친구들이 '자유선택활동' 시간에 읽고 싶을 때 자유롭게 읽어요.

4 '역할 영역'에 상점을 만들어 주면 아이들은 상인과 손님의 역할을 해 볼 수 있다.

- 선생님이 '역할 영역'에 사자가 갔던 악기 상점과 병관이가 갔던 마트를 만들어 놓았어요.
- '자유선택활동' 시간에 친구들과 함께 역할 놀이를 해 보아요.

5 일주일 동안 교실 각 영역에 준비해 놓은 자료로 자유롭게 활동할 수 있도록 한다.

- 오늘 들려준 동화책과 놀잇감을 교실에 준비해 놨어요.
- 이번 주에 우리 친구들이 자유롭게 활동해 보고 선생님과 이야기 나누어 보아요.

참고

동화책을 읽고 활동하는 것은 동화 속 가상의 상황을 어린이의 실생활로 가져오는 역할을 한다. 교사는 동화를 선택하면서 교실의 한 영역을 동화 속의 상황처럼 만들어 놓는다.

아이들은 동화를 듣고 상상력을 발휘해서 동화 속 주인공과 주변 인물이 되어 상대방의 상황을 이해하고 공감한다. 또한, 동화의 주제에 관해 생각하고 자유롭게 토론하는 시간을 가지면 스스로 터득한 지식이 쌓이게 된다.

10 저축은 왜 해야 하나요?

활동 목표 • 원하는 것, 필요한 것을 사기 위해 저축이 필요함을 안다.
• 미래를 대비하기 위해 저축이 필요함을 안다.

활동 형태 • 대·소집단

활동 자료 • 한국은행 홈페이지 '어린이 경제교육' 자료

활동 방법

1 한국은행 홈페이지를 방문하여 어린이 경제교육 내용 중 '지니의 금융램프' 동영상을 시청한다.

> 한국은행 홈페이지: http://kids.bokeducation.or.kr/index.jsp
> 경제교육 ▸▸ 어린이 ▸▸ 지니의 금융램프 ▸▸ 3편 '금융의 기본, 은행통장 만들기'

사이트 4 한국은행 경제교육 '지니의 금융램프 3편: 금융의 기본, 은행통장 만들기'
: http://kids.bokeducation.or.kr/index.jsp

동영상 내용

창민, 창희 어, 드디어 우리 차례다.

엄마 어디 공부한 대로 해 보렴.

직원 어서 오세요.

창민, 창희 이건 아직 모르는데.

직원 무엇을 도와 드릴까요?

창희 저… 그게….

직원 은행이 처음인 것 같은데 혹시 예금을 하러 왔나요?

창민, 창희 네.

직원 그렇다면 어떤 예금을 하시러…? 잠깐 설명이 필요할 것 같네요.
예금은 금융상품 중에 가장 대표적인 것입니다.

창민 그래요? 예금이 금융상품이란 말이죠?

직원 그래요. 여러 금융기관에서 다양한 금융상품을 취급하지만 은행의 주요 금융상품 중 하나는 예금이에요.

창희 그렇구나.

직원 예금은 은행에 돈을 맡기고 이자를 받는 것이에요.
그리고 은행에 맡긴 돈과 이자를 기록하는 것이 바로 통장입니다.

창민 네.

(중략)

창민 이야, 이게 통장이구나. 꿈만 같아. 얼른 돈을 많이 모아야지.

창희 내가 더 많이 모을걸?

지니 이렇게 금융의 길에 한발자국 내디딘 걸 축하해.

창민, 창희 지니!

지니 하지만, 이것만은 명심해. 지금의 마음을 영원히 가슴에 품을 것.
저축성 예금은 돈을 꾸준히 모으지 않으면, 계약 기간이 끝나도 이자가 별로 불어나지 않는다는 사실을 명심하고, 요구별 예금이 자유롭게 돈을 찾을 수 있다고 해도 마구 찾아 쓰지 말 것!

창민, 창희 알았어, 지니.

지니 어쨌든 근검절약은 금융생활에 기본이라는 사실을 확실히 가슴에 새기도록 해. 그리고 수시로 통장정리도 하고.

창민, 창희 알았어.

지니　자, 이제 시작이니 열심히 걸어가자고.

창민, 창희　아자! 돈을 모으자!

[은행에서 예금통장 만들기]

지니　어린이나 청소년도 직접 은행에서 통장을 만들 수 있습니다.
하지만, 신분증(학생증)에 주민등록번호가 없다면 신분증과 함께 주민등록등본이나 주민등록초본 등을 가지고 가야 합니다.
미성년자는 부모님이 대신 통장을 만들 수 있습니다.

(후략)

2 영상 자료를 보고 모둠별로 '저축의 필요성'에 대해 이야기하고 조사한다.

교 사　동영상 '지니의 금융램프'에서 저축은 왜 필요하다고 했나요?

유아 1　저축을 하면 갖고 싶은 물건을 살 수 있어요.

유아 2　갑자기 아프거나 사고가 났을 때 쓸 수 있어요.

유아 3　여행을 가거나 파티를 할 때도 쓸 수 있어요.

유아 4　집을 사거나 유학을 갈 때도 쓸 수 있어요.

3 계획성 있는 저축의 필요성에 대하여 이야기한다.

- 돈을 쓰고 남은 것을 저축하려고 하면 저축할 돈이 없어요.
- 돈을 쓰기 전에 저축할 것을 먼저 떼어서 저축해야 해요.
- 돈은 저축, 살 것, 기부 등으로 나누어서 계획하고 사용해야 해요.

4 부모에게 저축에 대해서 배운 것을 안내하고 아이와 함께 은행을 방문하여 아이 이름의 통장을 만들어 보도록 한다.

5 부모와 만든 통장을 가져와서 선생님과 친구들과 이야기 나눈다.

유아 1 어제 엄마랑 은행에 가서 통장을 만들었어요.

유아 2 전 원래 통장이 있어요. 여기에 또 저축할래요.

확장 활동

1. 한국은행 경제교육 사이트(http://kids.bokeducation.or.kr/index.jsp)에는 어린이뿐 아니라 청소년, 어른 모두 활용하고 배울 수 있는 경제 및 금융교육 자료가 풍부하다. 아이의 나이와 경험도에 적합한 동영상을 선택해서 함께 보고 생활에서 실천해 보면, 동영상을 볼 때 어렵게 느꼈던 경제 개념을 쉽게 이해할 수 있다.

2. '지니의 금융램프'는 아이가 은행에서 통장을 만들고, 예금의 종류, 금리, 예금자 보호법까지 설명을 듣는 내용으로, 초등학교 이하 아이에게는 어려울 수 있다. 동영상의 내용을 전부 다루기보다는 은행에 가서 예금통장을 만들고 수입을 배분해서 저축하는 내용까지를 중점적으로 다루어 직접 경험을 통해서 이해할 수 있게 한다.

11 은행에 다녀와요

활동 목표 • 통장을 만드는 과정을 안다.
• 예금하는 과정을 경험하고 저축하는 습관을 기른다.

활동 형태 • 대·소집단

활동 자료 • 예금통장, 저금할 돈

활동 방법

1 각 가정에 아이와 함께 은행에 가서 아이 이름의 예금통장을 만든 후 교육기관으로 보내 주도록 안내한다.

2 부모와 함께 만든 통장과 저금할 돈을 준비한다.

3 통장을 보면서 통장에서 얻을 수 있는 정보에 대해 이야기 나눈다.

교 사 통장의 겉면을 살펴보아요. 무엇이 있나요?

유아 1 귀여운 그림이 그려져 있어요.

교 사 어린이 통장이어서 귀여운 그림이 그려져 있네요.

유아 2 우리 엄마가 통장 겉면에 쓰여 있는 이름이 은행 이름이라고 했어요.

유아 3 은행에 이름이 있다고? 으하하하.

교 사 통장을 만들 때 도장이나 사인은 왜 필요할까요?
유아 1 아빠가 그러시는데 내 통장이라고 확인하는 거래요.
유아 2 우리 엄마는 제가 글씨를 못 쓰니까 도장으로 해 주셨어요.

교 사 통장 안에 쓰인 글자나 숫자를 보고 무엇을 알 수 있을까요?
유아 1 제가 통장에 2,000원을 넣어서 은행 직원에게 주니까 통장에 2,000원이라고 써졌어요.
유아 2 저번에 1,000원을 넣었던 것도 쓰여 있어요.
교 사 은행에서는 지난번에 예금한 1,000원과 이번에 예금한 2,000원을 통장에 써서 모두 맡아 줘요. 그러면 우리는 필요할 때 돈을 찾을 수 있어요.

4 은행으로 이동 시 지켜야 할 안전 약속과 은행 안에서의 질서와 예절에 대해 이야기 나눈다.

- 은행으로 갈 때는 큰 길을 건너니까 신호등을 잘 보고 손들고 건너요.
- 은행에서는 떠들지 않고 내 번호를 직원분이 부를 때까지 기다려요.
- 은행에서 큰 소리로 떠들면 다른 사람에게 방해가 되요.

5 유아가 직접 예금하는 과정을 경험한다.

- 대기 번호표를 뽑고 차례를 기다려요.
- 차례가 되면 통장과 예금할 돈을 은행 직원에게 주어요.
- 예금한 액수가 맞는지 확인해요.

6 교실로 돌아와서 유아와 활동 과정을 평가한다.

교 사 예금통장에 직접 저금해 보니 어때요?

유아 1 내 통장이 생겨서 기분 좋았어요.

유아 2 통장이랑 돈을 은행원한테 드렸는데 제 돈을 가져가고 통장만 주셨어요.

유아 3 그건 돈을 가져가는 것이 아니라 통장에 넣어 두었다가 다음에 찾을 수 있는 거야!

유아 2 내 돈을 가져가는 것이 아니라 넣어 두는 거라고? 돈이 안 보이는데?

교 사 그래서 통장에 며칠에 얼마를 넣어 두었는지 쓰여 있는 거예요.
통장에 쓰여진 금액을 돈으로 찾고 싶으면 언제든지 찾을 수 있어요.

확장 활동

교육에서 가장 중요하고 효과가 좋은 것은 직접 체험하는 것이다. 경제교육에서도 아이가 예금통장이나 펀드통장을 만들어 직접 예금하고 투자해 보는 경험을 하면, 금융 환경에 친숙해지고 어렵지 않게 경제 지식을 획득할 수 있다.

아이가 금융 환경에 익숙해질 수 있도록 아이와 자주 은행이나 증권회사에 방문해 볼 것을 추천한다. 또한, 입 · 출금과 같은 간단한 일의 경우 아이에게 경험하게 하면, 아이는 스스로 한 것에 대한 성취감과 보람을 느낄 수 있다.

12 자원은 제한되어 있어요

활동 목표 • 한정된 돈이나 자원의 가치를 이해하고, 재활용에 관심을 갖는다.
활동 형태 • 대·소집단
활동 자료 • 환경 관련 동화, 서울시 재활용 포스터

활동 방법

1 환경 관련 동화(『이게 다 쓰레기라고?』 김성은 지음, 2016, 아람)를 들려주고 마구 버린 쓰레기가 어떤 느낌인지 이야기 나눈다.

- 이것도 쓰레기, 저것도 쓰레기, 버리자, 버리자!
- 이렇게 버리다 보면 집은 깨끗해지지만 지구가 아파요.
- 민정이가 입던 청바지, 오빠가 입던 티셔츠 모두 버려야 할까요?
- 민정이에겐 작지만 옆집 봄이에게는 딱 맞아요.
- 아껴 쓰고, 나눠 쓰고, 바꿔 쓰고, 다시 써 봐.
- 내가 버린 쓰레기는 어떻게 될까요?
- 재활용하면 절약되고, 쓰레기도 줄어 지구가 아프지 않아요.

2 예전에는 좋아했지만 지금은 입지 않는 옷에 대해서 이야기 나눈다.

교 사 입지 않고 넣어 둔 옷을 보면 어떤 기분이 드나요?

유아 1 저는 엘사 옷을 좋아해서 자주 입었는데 이제는 입지 않아요.

교 사 왜 엘사 옷을 입지 않게 되었나요?

유아 1 전에는 옷이 잘 맞았는데 이제는 작아서 못 입어요.

교 사 ○○이가 많이 커서 옷이 작아졌군요. 엘사 옷을 계속 옷장에 넣어 두면 어떻게 될까요?

유아 1 계속 옷장에 넣어 두면 옷이 쓸쓸할 것 같아요.

교 사 입지 않는 옷을 어떻게 하면 좋을까요?

유아 1 옆집 민경이 동생한테 줄까요? 아까운데….

교 사 엘사 옷이 쓸쓸하게 옷장에만 있는 것보다 민경이 동생이 입으면 동생도 좋아하고 엘사 옷도 좋아할 것 같아요.

3 사용하지 않는 장난감이 있는지 이야기 나누어 본다.

교 사 여러분은 어떤 장난감을 가장 좋아해요?

유아 1 저는 블록을 좋아해요.

유아 2 저는 인형놀이가 정말 좋아요.

교 사 지금 사용하지 않는 장난감이 있나요?

유아 2 피카추 인형을 좋아하는데 구멍이 나서 지금은 가지고 놀지 않아요.

유아 3 저는 자동차를 좋아했는데, 블록이 더 좋아져서 지금은 가지고 놀지 않아요.

교 사 그 장난감들은 장난감 바구니에서 쓸쓸하게 있겠네요.
그럼, 사용하지 않는 장난감을 어떻게 하면 좋을까요?

유아 4 네가 사용하지 않는 자동차 나한테 줄 수 있어?
내가 갖고 있는 블록을 줄게.

교 사 사용하지 않는 장난감은 친구끼리 바꾸어서 놀 수 있고, 재활용 통에 넣으면 다른 친구들이 사용할 수도 있어요.

4 옷이나 장난감을 계속해서 살 수 있는지 그리고 장난감을 계속 사면 어떻게 되는지 이야기 나눈다.

유아 1 옷이나 장난감을 계속 사면 집이 꽉 차서 내가 들어갈 수 없어요.

유아 2 우리 엄마는 돈을 많이 쓰면 가난해진다고 했어요.

유아 3 계속 사고, 예전 것을 버리면 지구가 모두 쓰레기로 가득 차요.

교 사 그럼, 지구가 아프겠네요? 지구가 아프지 않도록 아껴 쓰고 바꾸어 쓰면 좋겠어요.

5 우리에게 필요한 물건을 만드는 데 여러 가지 소중한 자원이 사용됨을 안다.

교 사 옷을 만들려면 많은 옷감과 실, 기계를 돌리는 전기, 많은 물이 사용돼요. 그리고 장난감은 많은 전기와 플라스틱, 철 등이 사용해서 만들어요.

유아 1 이렇게 너무 많은 자원을 쓰면 다음에 쓸 자원이 부족하고, 환경도 파괴돼요.

유아 2 자원을 너무 많이 쓰지 않도록 아껴 써야겠어요.

6 재활용해서 돈도 아끼고, 환경도 살릴 수 있는 방법을 안다.

교 사 재활용해서 돈도 아끼고 환경도 살리는 방법에는 무엇이 있을까요?

유아 1 작아진 옷은 동생에게 물려주면 좋아요.

유아 2 싫증 난 장난감은 다른 친구가 갖고 놀 수 있도록 바꾸면 좋아요.

유아 3 종이, 플라스틱, 병, 캔 등을 분리해서 버리면 재활용할 수 있어요.

7 재활용 포스터를 보고 재활용 상자에 재활용을 담아 본다.

교 사 재활용 안내 포스터처럼 종이, 플라스틱, 병, 캔을 따로 분류해서 담아 볼까요?

유아 1 스케치북은 종이니까 다 쓰면 '종이 재활용'에 넣어요.

유아 2 물통은 플라스틱이니까 '플라스틱 재활용'에 넣어요.

생각 나누기

1. 우리나라도 주변에 외국인이 이웃에 사는 경우가 많아졌다. 우리는 재활용품 분리배출이 어렵지 않은데, 한국에 온 지 얼마 되지 않았거나 자국에서 재활용품 분리배출을 해 보지 않은 외국인도 많다. 이들에게는 분리배출이 어려운 개념이라고 한다. 주변에 외국인 이웃이 있다면 재활용품 분리배출에 대해서 친절하게 안내해 주면 좋다.

2. 가정에서 재활용품을 분리배출할 때 아이와 함께하면서 자원이 어떻게 생산되고 순환되는지에 관해 이야기를 나누어 본다. 아이는 재활용품 분리배출이 수고스러운 일이 아니라 환경을 살리는 소중한 활동임을 알게 된다.

13 절약하고 재활용해요

활동 목표 • 자원을 절약하고 사용하지 않는 물건은 바꾸어 재사용하는 것을 실천한다.
활동 형태 • 대·소집단
활동 자료 • 알뜰 바자회 물품(안 쓰는 장난감, 옷, 책 등)

활동 방법

1 필요한 것이 있을 때 어디에서 구입하는지 유아들과 이야기 나눈다.

유아 1 우리는 물건을 사러 주말에 엄마, 아빠랑 큰 마트에 가요.
유아 2 큰 마트에 가면 물건을 많이 사서 큰 상자에 담아 와요.
유아 3 엄마는 집에 오셔서 물건을 정리하면서 너무 많이 샀다고 말해요.
유아 4 우리 집은 조금씩 동네 마트에서 사요.
교 사 그래요. 우리는 필요한 물건이 있을 때 동네 마트나 시장, 대형 마트 등에서 물건을 사요.

교 사 그런데 샀던 물건이 필요 없어지면 어떻게 하나요?
유아 1 필요 없어진 물건은 버려요.
유아 2 우리 집에 그대로 쌓여 있어요.

2 지금 사용하지 않는 물건을 어떻게 할지 이야기 나눈다.

교 사 필요 없어진 물건을 버리면 지구가 아프다고 했죠? 필요 없어진 물건을 다른 필요한 사람에게 주고 재사용하면 어떨까요?

유아 1 새 물건을 만들려면 많은 자원이 필요하니까 물건을 재사용하면 자원도 절약하고 지구도 아프지 않아요.

3 사용하지 않는 물건을 모아서 서로 나누어 재사용하는 '알뜰 바자회'를 열기로 하고 의견을 모은다.

유아 1 각자 집에서 사용하지 않는 물건을 유치원에 모아서 '알뜰 바자회'를 열어요.

교 사 너무 낡아서 사용할 수 없는 것은 버리고, 재사용할 수 있는 물건을 깨끗하게 정리해서 모아 봐요.

4 사용하지 않는 물건을 모으고, 부모님께 드릴 초대장을 만든다.

유아 1 물건을 많이 모았으니 부모님도 초대해서 함께 '알뜰 바자회'를 해요.

유아 2 부모님께 드릴 초대장을 만들어요.

유아 3 부모님이 오시면 알뜰 바자회에서 물건을 싸게 사고팔아요.

5 알뜰 바자회를 개최하여 직접 물건을 사고팔아 본다.

교 사 집에서 쓰던 장난감, 인형, 책, 옷 등 많은 물품이 모였어요.

유아 1 와! 모아 보니 좋은 물건이 정말 많아요.

유아 2 ○○이가 가지고 온 로봇을 갖고 싶어요.

유아 3 바자회 날에 그 로봇을 사면 되겠다.

교 사 우리 친구들과 부모님이 함께 파는 사람이 되어 보고, 다른 친구의 물건을 사는 사람이 되어 봐요.

6 바자회의 수익금은 복지 단체에 기부한다.

교 사 바자회를 해서 수익금이 생겼어요. 어떻게 쓰면 좋을까요?

유아 1 재사용할 물건을 팔아서 생긴 수익금이니까 좋은 곳에 기부해요.

유아 2 기부는 어떻게 하죠?

교 사 좋은 일을 하는 복지 단체에 우리 친구들 이름으로 기부해요.

확장 활동

아파트나 동네 부녀회에서 주최하는 '아나바다 장터'나 '바자회'를 찾아가 본다. 아이와 함께 참여해서 다른 사람의 물건 중 우리 집에 필요한 물건을 사기도 하고, 우리 집에서 더는 사용하지 않는 물건 중 상태가 좋은 물건을 팔아 보기도 한다. 이웃과 교류하는 사회 활동과 더불어 물건을 아껴 쓰고자 하는 마음과 자원의 바른 순환, 환경보호의 중요성 등을 경험하게 된다.

또한, 이러한 활동 후에 모인 돈을 어떻게 사용할지 아이와 이야기 나눈다. 특히 수입을 복지 단체에 기부한다면, 우리 아이가 부자가 되는 계획을 세우고 좋은 경제적 습관을 들이는 과정에서 더불어 살아가는 부자, 존경받는 부자가 되는 좋은 목표 설정을 하고 실천하는 밑거름이 된다.

14 함께 나누어요

활동 목표 • 기부의 가치를 인식하고 다른 사람을 돕는 방법을 안다.
활동 형태 • 대·소집단
활동 자료 • 기부 물품, 재능기부(노래, 우쿨렐레, 율동)

활동 방법

1 다른 사람에게 도움을 준 경험에 대해서 이야기 나누어 본다.

교 사 다른 사람에게 도움을 준 적이 있나요?

유아 1 친구가 물건을 떨어뜨렸는데 제가 주워서 줬어요.

유아 2 아가반 아기가 울 때 '까꿍 까꿍' 하면서 놀아 주었어요.

유아 3 우리 가족은 아프리카에 있는 친구를 돕고 있는데 돈도 보내 주고 편지도 보내 주고 그래요.

교 사 우리 친구들은 다른 사람을 도와준 경험이 많군요!
다른 사람을 도와주는 멋진 경험을 할 때 기분이 어땠어요?

유아 1 친구를 도와줬을 때 원장선생님이 멋지다고 칭찬해 주셔서 기분이 참 좋았어요.

유아 2 아가반 아기가 울 때 놀아 주니까 방긋 웃어서 예쁘고 좋았어요.

유아 3 우리 가족이 돕고 있는 아프리카 친구가 사진을 보내 주는데, 점점 키가 크고 웃고 있어서 좋아요.

2 다른 사람을 도와줄 수 있는 방법에는 무엇이 있는지 이야기를 나눈다.

교 사 다른 사람을 도와주는 것은 참 기쁜 일이죠?
다른 사람을 도와줄 수 있는 방법은 무엇일까요?

유아 1 전 퇴근하고 돌아오신 엄마, 아빠 어깨를 주물러 드릴 거예요.

유아 2 엄마를 따라 은행에 갔더니 동전 기부하는 저금통이 있었어요. 거기에 기부해서 어려운 이웃을 도울 거예요.

유아 3 내가 엄마/아빠가 되면 우리 엄마, 아빠처럼 아프리카에 있는 친구도 도와줄 거예요.

3 물품기부, 재능기부 등 여러 가지 기부 방법이 있음을 안다.

- 기부는 물건을 모아서 할 수도 있고, 돈을 모아서 할 수도 있어요.
- 물품이나 돈이 아니라도 내가 할 수 있는 것으로 하는 재능기부도 있어요.

4 물품기부와 재능기부를 어떻게 할지 유아들과 토의한다.

교 사 어떤 방법으로 물품을 기부할 수 있을까요?

유아 1 집에서 안 쓰는 물건을 모아서 '시장놀이'를 해요.

유아 2 저금통에 동전을 모아서 어려운 친구를 돕는 기관에 보내요.

교 사 우리가 할 수 있는 재능기부는 무엇일까요?

유아 3 전 노래와 율동을 잘해요.

유아 4 우리 반 음악 시간에 배운 '우쿨렐레'도 있어요.

5 '기부DAY'를 만들어 일주일 동안 기부할 물품을 모은다.

6 재능기부를 할 노래, 우쿨렐레, 율동을 연습한다.

7 '아름다운 재단'에 모아 놓은 물품을 기부한다.

8 근처의 경로당을 방문하여 '재능기부'를 한다.

9 다른 사람에게 도움을 줄 때 기분이 어땠는지 이야기를 나눈다.

유아 1 기부DAY에 모을 물품을 가져오니 집이 깨끗하게 정리되었어요.

유아 2 기부DAY를 할 때 제 물건을 싸게 사서 좋아하는 모습을 보니까 기분이 좋았어요.

유아 3 우리가 기부한 것이 어떻게 사용되는지 보니까 어깨가 으쓱했어요.

유아 4 모두 행복하게 나누면서 살면 좋겠어요.

유아 5 경로당에 재능기부를 하러 가서 우쿨렐레를 연주하고 노래, 율동할 때 할아버지, 할머니들이 박수 쳐 주시고 좋아하셔서 기분이 정말 좋았어요.

생각 나누기

아이가 물품이나 재능 등으로 기부활동을 해 보면 책이나 영상에서 볼 때보다 훨씬 보람을 느끼며, 동기부여가 된다. 여기서 동기부여란 함께 나누는 삶으로 좋은 부자가 되는 목표 설정과 동기부여를 말한다. **아이와 함께 자선단체를 알아보고 체험하면, 능동적이고 주체적인 인격을 형성하는 데 도움이 된다.** 유니세프, 월드비전, 굿네이버스, 세이브더칠드런, 적십자 등 자선단체 홈페이지를 방문하여 어떤 봉사활동을 하는지 알아본다.

다른 사람을 도와주면 그들에게 행복을 주는 동시에 자신도 함께 행복해진다. 나눔과 봉사를 통해 참된 풍요로움을 마음속 깊은 곳에서부터 느낄 수 있다.

20%

CHAPTER 5

경제!
체험하며 즐겁게 배워요

01 무료 경제교육 홈페이지

02 어린이 경제교육 도서

03 경제 체험 및 교육 장소

CHAPTER 5

경제! 체험하며 즐겁게 배워요

경제교육은 단순히 돈만을 가르치는 것이 아니라 인간적인 발달과 재정적인 여유를 조화시키는 교육이다. 이것은 아이에게 필요할 뿐만 아니라 성인인 부모에게 더 절실히 필요한 것이다. 아이에게 경제교육을 하다 보면 부모가 오히려 더 많이 배우게 된다.

이 장에서는 아이와 함께할 수 있는 유용한 경제 관련 홈페이지와 책, 체험 장소를 소개한다.

01 무료 경제교육 홈페이지

1) 한국은행: 경제교육

'한국은행: 경제교육' 홈페이지는 내용이 알차게 구성되어 있다. 온라인으로 쉽게 경제에 대해서 이해할 수 있으며, 현장학습 교육내용도 잘 마련되어 있다. 온라인 교육 과정은 어린이, 청소년, 일반인으로 구분되어 있어 나이나 경제 지식 정도에 따라 선택해서 공부할 수 있다. 애니메이션으로 제작된 콘텐츠가 있어 어린이나 청소년이 쉽게 경제에 다가갈 수 있게 하였다. 또한, 현장학습이 가능하므로 미리 신청해서 체험해 보는 것도 좋다.

사이트 5 **한국은행 경제교육**: http://www.bokeducation.or.kr/index.do

2) 기획재정부: 어린이 경제교실과 경제배움e

'어린이 경제교실'은 기획재정부의 어린이 경제교육 홈페이지로 집, 시장, 기업, 나라 등 주체별 경제 내용과 유명 경제학자의 경제이론 등을 다루어서 조금 어렵게 느껴질 수 있지만, 경제교육 전반을 체계적으로 접근하고 싶을 때 유용하다.

'경제배움e'는 아동기부터 노년기까지 생애 주기별 경제교육 자료와 시사·경제 퀴즈, 경제용어사전 등 다양한 자료를 갖추어 놓고 있다.

사이트 6 어린이 경제교실: http://kids.moef.go.kr

사이트 7 경제배움e: http://www.econedu.go.kr/mec/ots/main.do

3) 금융감독원: 금융교육센터

금융감독원에서 마련한 홈페이지로 온라인, 오프라인에서 모두 교육받을 수 있도록 구성되어 있다. 온라인에서 기본 과정을 공부하면 오프라인에서 심화 과정을 공부할 수 있어, 일반인, 대학생, 취업준비생 등 다양한 계층이 수강하는 모습을 볼 수 있다.

특히, '1사1교 금융교육'은 금융기관과 교육기관을 연결해 주는 프로그램으로, 금융회사 직원이 결연학교에 파견되어 경제 관련 동아리 활동 지원이나 체험 교육 등을 무료로 해 준다.

교육내용은 다음과 같다.

① 저축의 중요성과 과도한 소비의 폐해

② 신용관리의 중요성과 금융 의사 결정에 대한 책임

③ 예금계좌, 체크카드 등 만드는 방법

④ 은행, 증권사, 보험사 등 금융회사의 기능과 금융권 진로 탐색

⑤ 투자증권, 펀드 등와 자산관리의 원칙, 보험과 위험관리 등

저축과 소비부터 진로 탐색, 위험관리 등 금융생활의 기초에서 심화까지 다양하게 배울 수 있어 관심 있는 교사의 신청이 줄을 잇고 있다.

사이트 8 **금융감독원 금융교육센터: http://www.fss.or.kr/edu/main.jsp**

4) 어린이국세청

국세청에서 만든 어린이 세금교실 홈페이지이다. 세금이란 풍요로운 문명생활을 누리는 대가로 국민 각자가 나누어 분담하는 공동 경비로, 행복하고 풍요로운 삶을 위한 '회비'라고 설명하고 있다. 세금을 쉽고 재미있게 배울 수 있도록 동영상, 애니메이션 등 다양한 자료로 흥미롭게 구성되어 있다.

오프라인 활동으로는 어린이 기자단을 선정하여 어린이 스스로 세금신문을 발행하도록 하며, 세금 문예작품 공모전을 통해 포스터, 만화, 글짓기 등의 활동을 독려하고 자연스럽게 체험해 볼 수 있다.

사이트 9 어린이국세청: http://www.nts.go.kr/kids

5) 한국증권거래소: KRX 아카데미

한국증권거래소에서 운영하는 어린이 증권교실이다. 한국증권거래소 홈페이지의 '금융교육' 탭에 들어가면 만날 수 있다. 재미있는 보드게임을 통해 시장경제의 원리, 증권시장 및 건전한 투자문화를 배울 수 있다. 온라인과 오프라인에서 모두 체험할 수 있으니 신청해서 체험해 보는 것도 좋다.

오프라인의 강좌 중에서는 서울과 부산에서 정기적으로 개최하는 '학부모와 함께하는 초등학생 증권시장 교실'을 추천한다.

사이트 10 한국증권거래소 KRX 아카데미: http://academy.krx.co.kr/main/main.jsp

6) 한국은행 경제통계시스템

한국은행에서 운영하는 경제통계 관련 자료 사이트이다. 처음에는 어려울 수 있지만, 통계자료들을 살펴보면 돈의 흐름을 알 수 있다.

경제 공부를 시작할 때 경제신문을 보면, 처음에는 제목만 보이다가 점점 익숙해지면 몰랐던 경제용어들이 보이고 점차 경제 전반을 이해할 수 있는 힘이 길러진다. 이와 마찬가지로 경제 공부를 하면서 꾸준히 경제통계자료에 관심을 두고 확인하면 환율이나 국고채 금리 등의 지표, 기업경영 분석 지표, 경제 분석 지표 등의 변화가 눈에 보이게 되고, 경제의 전체적인 흐름을 익힐 수 있을 것이다.

사이트 11 한국은행 경제통계시스템: http://ecos.bok.or.kr

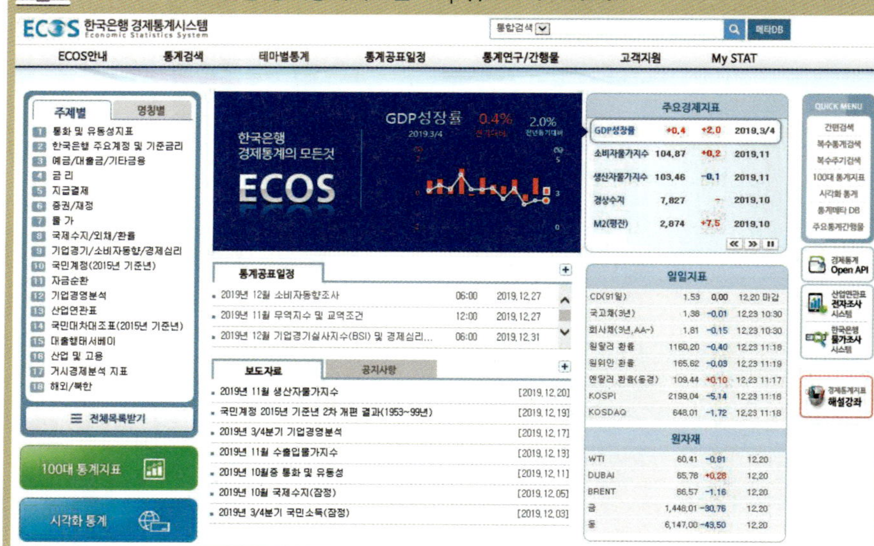

7) 전국투자자교육협의회

금융투자협회 산하에 있는 투자자교육협의회이다. 2005년 6월에 설립된 이후 성숙한 투자문화를 위해 꾸준히 교육 프로그램을 제공하고 있다. 어린이 용돈부터 금융 철학, 투자까지 재미있게 콘텐츠를 구성하였고, 다양한 동영상과 웹툰이 있어 즐겁게 공부할 수 있다.

투자 가이드를 분야별로 나누어서 제공하는데, 생애 자산 관리, 증권투자, 펀드투자, 연금 관리, 투자 자문, 절세, 투자 Tip으로 나누어서 제공된 가이드를 살펴보고 참고하면 된다.

오프라인 강좌나 행사인 '채권 고수와 함께하는 투자콘서트', '대학생 UCC 공모전' 등을 찾아서 참여해 보는 것도 권장한다.

사이트 12 전국투자자교육협의회: https://www.kcie.or.kr

8) 청소년금융교육협의회

국가 기관이 아닌 사단법인으로 어린이 경제교육 전반에 관한 다양한 자료와 체험학습의 장이 마련되어 있다.

'찾아가는 금융교실'은 학교에서 선생님이 신청을 하면 학교로 전문강사가 찾아가서 금융교육을 해 주는 프로그램이다. 또한, '주말 어린이 금융교실'은 미리 신청하면 강좌를 들을 수 있고 체험관 견학 수업도 참여할 수 있다. 어린이 프로그램과 부모님 프로그램이 모두 개설되니 참여해서 경제 공부를 함께 해 보는 것도 좋다.

사이트 13 청소년금융교육협의회: http://www.fq.or.kr/main2016

▮표 10▮ 무료 경제교육 사이트

	사이트명	주소	제공
1	한국은행 경제교육	http://www.bokeducation.or.kr/index.do	한국은행
2	기획재정부 어린이 경제교실	http://kids.moef.go.kr/	기획재정부
	기획재정부 경제배움e	http://www.econedu.go.kr/mec/ots/main.do	
3	금융감독원 금융교육센터	http://www.fss.or.kr/edu/main.jsp	금융감독원
4	어린이국세청	http://www.nts.go.kr/kids/	국세청
5	한국증권거래소 KRX 금융교실	http://academy.krx.co.kr/main/main.jsp	증권거래소
6	한국은행 경제통계시스템	http://ecos.bok.or.kr/	한국은행
7	전국투자자교육협의회	https://www.kcie.or.kr/	금융투자협회
8	청소년금융교육협의회	http://www.fq.or.kr/main2016	경제교육협회

02 어린이 경제교육 도서

아이들은 엄마, 아빠와 함께 동화를 읽는 것을 정말 좋아한다. 드라마에서는 동화를 들려주면 아이가 스르르 잠들지만 현실에서는 자꾸 더 많은 책을 읽어 달라고 하면서 눈망울을 반짝인다. 아이들은 흥미 있는 주제를 들으면 집중력이 생기고 훨씬 즐겁게 이해한다. 이처럼 아이들이 좋아하는 동화를 활용하면 즐겁고 자연스럽게 경제교육이 될 수 있다.

즐겁게 경제교육을 할 수 있는 동화를 소개한다. 여기서 소개하는 책은 저자가 운영하는 유아교육기관의 '경제 프로젝트 수업'에서 아이들이 직접 찾은 책으로, 흥미도에 따라 수업을 진행하였다. 이외에도 좋은 경제 관련 책이 많으니 아이와 함께 찾아보고 활용하기를 권한다.

『모두 내 거야!』

글: 루 피콕
그림: 리사 시한
옮김: 김은재
발행: 도서출판 키즈엠
권장 연령: 만 2세 이상

경제생활은 우리가 학교에서 배운 수요, 공급, 수입, 지출 등 돈에 관한 것만은 아니다. 돈은 생활하는 데 필요한 매개체 역할을 하지만, 그 이면에 깔린 것은 서로 배려하고 함께하는 마음이다. 책 『모두 내 거야!』는 현명한 소비를 다루며, 함께하는 사람들과 더불어서 행복한 생활을 누리는 모습도 담고 있다. 아이와 함께 책을 읽고 많은 이야기를 나눌 수 있다.

『여우가 시장에 가요』

글: 지오프로이 두사트
그림: 지오프로이 두사트
옮김: 윤민용
발행: 기탄교육
권장 연령: 만 2세 이상

『여우가 시장에 가요』는 경제지식을 알려 주는 경제동화라기보다는 아이들이 시장에서 뭔가를 사고 활동하는 모습을 반복되는 음운으로 표현한 책으로, 아이들이 즐겁게 접근할 수 있다. 어린 시기의 아동은 동화에 음운이 적절히 있으면 내용 전반을 이해하기는 어려워도 음운에 따라 특정어를 반복하면서 기억에 새길 수 있다.

저자가 운영하는 유아교육기관에서 '경제교육 프로그램'을 진행할 때 아이들이 도서관에서 경제 관련 도서라고 직접 찾아서 읽고, 책에 나온 내용처럼 다양한 활동을 해 본 책이다. 직접적으로 경제 지식을 알려 주는 책은 아니지만, 사회를 처음 접하는 어린이가 시장에 대해서 흥미롭게 관심을 갖고 다양한 활동을 해 볼 수 있는 매개가 되는 책이다.

『내 동생 싸게 팔아요』

글: 임정자
그림: 김영수
발행: 미래엔
권장 연령: 만 3세 이상

'경제 프로젝트 접근법' 활동을 하다가 아이들 스스로 도서관에서 찾은 책이다. 동생을 판다는 제목을 보고 경제 관련 도서라 하며 활동을 했는데, 경제뿐 아니라 형제간 우애를 발견할 수 있어 읽으면서 살포시 미소 지을 수 있는 동화이다. 동생이 있는 아이라면 한 번쯤 생각해 봤을 소재로, 동생을 데리고 시장을 돌아다니면서 대화를 나누는 모습과 귀여운 주인공의 모습을 함께 감상할 수 있다.

『이거 얼마예요?』

글: 최혜영
그림: 한수진, 이영림, 원유미, 유순혜
발행: 밝은미래
권장 연령: 만 3세 이상

유아의 인지발달 수준에 맞추어서 경제 개념을 자연스럽게 익힐 수 있는 여덟 편의 이야기로 구성되어 있다. 『이거 얼마예요?』는 만 3세 이상의 유아가 경제 개념을 자연스럽게 익힐 수 있도록 구성된 이야기이다. 유아교육은 용어 자체를 익히는 학령기 교육과는 다르게 접근하여야 한다. 유아에게는 개념을 이야기 형식으로 기억하고 체험하는 교육이 이루어지며, 학령기가 되어 용어를 접하면 자연스럽게 개념화되는 과정으로 구성한다.

『용돈 주세요』

글: 고대영
그림: 김영진
발행: 길벗어린이
권장 연령: 만 3세 이상

동화책『용돈 주세요』는 병관이네 가족이 다 같이 마트에 가면서 시작된다. 병관이는 마트에서 보았던 갖고 싶은 장난감을 사기 위해 돈을 벌 방법을 찾는다. 집안일을 돕고 당당히 용돈을 요구하는 병관이의 이야기를 아이들과 함께 읽어 보며 이야기를 나누어 보자. 동화를 통해 아이들이 용돈의 의미를 알 수 있고, 부모는 용돈을 주는 방법과 아이에게 좋은 격려 방법도 참고할 수 있다.

『우리 동네 생생 마트』

글: 최형미
그림: 임하라
발행: 킨더주니어
권장 연령: 초등 이상

초등교육과정 중 3~4학년의 사회 과목과 연계하여 구성된 경제동화이다. 경제동화라면 숫자가 많고 건조할 것 같은데 『우리 동네 생생 마트』는 따뜻하고 뭉클한 느낌이 있는 경제동화이다.

초등학교 3학년인 주인공 수진이가 시장이 있는 동네로 이사를 가면서 동네의 자랑거리를 알고 적응해 가는 이야기이다. 시장의 유래와 더불어 경제생활에 대해서 알 수 있고, 주인공의 성장을 지켜보며 공감하다 보면 눈시울이 살짝 붉어지게 된다. 이 책을 통해서 아이는 경제 상식이 늘어날 뿐만 아니라 작가의 따스한 시선을 느낄 수 있다.

『돌고 도는 돈』

글: 발레리 기두
그림: 브뤼노 하이츠
옮김: 김예령
발행: 시공주니어
권장 연령: 초등 이상

경제의 기본 지식을 만화 형식을 빌려 쉽게 소개한 책이다. 우리나라 작가가 아니어서인지 문체와 경제에 대한 철학적 물음이 이국적으로 다가와 경제에 대해서 새롭게 접근할 수 있다. 경제 습관을 들이는 우리 아이들의 경제 개념을 바로잡을 수 있는 책이지만, 어른도 경제 개념을 다시 한번 탄탄하게 상기할 수 있다. 마치 대학에서 통계 공부를 하다가 기초 개념을 상기하려고 중·고등학교 시절의 '수학의 정석' 참고서를 다시 펴서 살펴보는 듯한 느낌으로, 경제의 기초 개념을 엄마, 아빠와 초등학생 이상의 자녀가 함께 익히고 다질 수 있다. 초등학교 전의 아동에게는 다소 어려울 수 있다.

『2천 원으로 뭘 할까?』

글: 양점열 외
그림: 이정인
발행: 동화사
권장 연령: 초등 이상

예전에는 글을 못 읽는 것을 '문맹'이라고 하였다. 요즘은 '금융문맹'이라고 해서 다양한 금융과 경제 지식을 이해하지 못하며 알려고 하지 않는 사람을 일컫는 말이다. 이 책은 이러한 것을 강조하면서 경제에 관한 전반적인 지식을 갖출 수 있도록 경제 용어를 그대로 쓰고, 그것을 쉽게 풀어서 설명하였다. 낯선 경제 용어 때문에 아이가 어려워할 수 있는데, 부모가 함께 읽으면서 실제 경제에 관해서 이야기를 나누어 보면 경제에 관한 기초 지식을 쌓을 수 있다.

『야호! 난장판이다』

글: 김춘옥
그림: 정승희
사진: 박정훈
발행: 청어람주니어
권장 연령: 초등 이상

요즘처럼 상점이나 대형 마트가 없던 시절, 우리 조상들은 날짜와 장소를 정해서 서로 필요한 물건을 사고팔았는데 이를 알리기 위해서 온갖 민속놀이가 펼쳐졌다. '난장판'이란 상인들과 여러 사람들이 떠들거나 뒤엉켜 뒤죽박죽된 곳을 의미하며, 옛날 사람들이 장터를 '난장판'이라고 부른 것도 이러한 의미 때문이다.

『야호! 난장판이다』는 각 지역의 상설 장터에서 판매하는 특산물, 시장의 유래와 위치 등을 사진을 제시하며 자세히 설명해 준다. 이 책을 참고하여 시간 날 때마다 아이와 함께 지역의 장터를 돌아보는 것도 좋다. 사회와 지리 수업시간에 책상에 앉아서 외우던 지역 특색을 현장에서 직접 보고 각 지역의 경제생활의 유래를 살펴볼 수 있을 것이다.

『황금알을 낳는 돼지저금통』

기획: 어린이문화진흥회
그림: 민들레
발행: 삼성당
권장 연령: 초등 이상

이 책을 기획한 '어린이문화진흥회'는 어린이 문화 예술의 발전을 위해 글을 쓰는 아동문학가, 화가, 동요 작곡가, 편집장, 선생님 등 700여 명이 1990년에 조직한 어린이 문화 예술가들의 종합단체이다. 경제활동의 핵심 분야를 8개로 나누어 단계마다 그 분야와 관련된 동화를 읽고, 생각 나누기를 통해 경제 공부를 할 수 있도록 구성하였다. 가정에서 함께 읽어도 좋고, 학교나 단체에서 읽으면서 선생님과 친구들과 '생각 나누기' 시간을 가지면 더 효율적일 수 있다.

『통 큰 경제동화』 시리즈

‘한국헤르만헤세 출판그룹’은 세계명작동화, 수학동화, 과학동화, 미술동화 등 시리즈물로 유명하다. 〈표 11〉에서 소개하는 경제동화도 『통 큰 경제동화』 시리즈에 수록된 책들이다.
아이들과 책을 읽을 때는 서점에 직접 가서 책을 보고 아이와 함께 고르는 것이 동기부여를 하는 가장 좋은 방법이다. 시리즈 전체를 구입해서 보는 것도 좋고, 낱권으로도 판매하니 아이와 손잡고 서점에 가서 직접 골라서 읽어 보는 즐거움을 권해 드린다.

표 11 경제동화 시리즈 ‘통 큰 경제동화’

도서명	저자	경제 분야
두부찌개에 왜 두부가 없을까?	최은규	계획 소비
돼지 저금통이 꿀꺽!	최은규	저축
도도는 은행을 좋아해	박성철	통장 만들기
무엇이 될까?	최은규	직업 선택

여기까지 저자가 운영하는 유아교육기관에서 ‘경제교육 프로그램’을 진행할 때 아이들이 흥미도에 따라 직접 골라서 활동했던 책을 소개하였다. 다시 한번 강조하지만, **책은 서점에 아이와 부모가 함께 가서 읽고 싶은 책을 직접 골라서 읽고 나누는 것이 가장 효율적이다. 아이와 함께 손잡고 서점으로 나들이 해 보기를 추천한다.**

03 경제 체험 및 교육 장소

지식을 익히는 데 가장 중요한 것은 책상에 앉아서 공부하는 것이 아닌 움직이면서 직접 경험하는 것이다. 특히 경제는 삶과 가장 밀접한 분야이기에 체험하고 경험하는 것이 무엇보다 중요하다. 여기에서는 경제를 생생하게 체험하며 경험하고 익힐 수 있는 장소를 소개한다.

1) 경제 체험하는 박물관, 체험관

(1) 한국은행 화폐박물관

한국은행에서 운영하는 화폐박물관이다. 화폐의 역사를 알 수 있고 금융 관련 다양한 자료가 전시되어 있다. 또한, 경제교실도 운영하고 있어 미리 예약하면 참여할 수 있다. 예약을 통해 단체 관람도 가능하고, 주말에도 운영하므로 가족끼리 관람할 수 있다. 휴관일은 월요일이다. 한국은행과 함께 있고 도심에 있어 주차는 불가능하니 대중교통을 이용한다.

홈페이지 주소	https://www.bok.or.kr/museum/main/main.do
운영 시간	화~일요일 10:00~17:00
휴관일	월요일, 설 연휴, 추석 연휴, 12월 29일~다음 해 1월 2일
입장료	무료 (주차 불가능)
주　소	서울특별시 중구 남대문로 39 (남대문로3가)
전화번호	02) 759-4114

(2) 파이낸셜 빌리지 체험관

전국투자자교육협의회에서 체험하면서 금융에 대해 배우는 금융투자체험관 파이낸셜 빌리지Financial Village를 만들어서 개방했다.

초등학생에서 성인에 이르기까지 생애 주기별로 필요한 금융 지식을 최신 멀티미디어를 통해 쉽고 재미있게 체득할 수 있다. 또한, CEO 경영수업, 은퇴설계 계산기 등 개인 맞춤형 콘텐츠를 개별 지급된 태블릿PC를 통해 시뮬레이션해 볼 수 있다.

서울 여의도 금융투자교육원 4층에 있으며, 월요일에서 토요일까지 하루에 3회 운영한다. 학생 및 단체는 별도로 협의해 추가로 이용할 수 있으며, 신청은 투자자교육협의회 홈페이지에서 예약하면 된다.

홈페이지 주소	www.kcie.or.kr
운영 시간	월~토요일 (일 3회) ◇ 1회 - 10:00~12:00, ◇ 2회 - 13:00~15:00, ◇ 3회 - 15:30~17:00
관람 시간	1시간 내외
휴관일	일요일, 공휴일
대　상	초등학교 4학년~성인 (1회 최대 40명)

(3) 부산 파이낸셜 뮤지엄 로드

미래글로벌 금융인재를 꿈꾸는 어린이와 청소년, 대학생에게 금융 지식과 자본시장의 역사를 체험할 수 있는 교육 기부 프로젝트이다.

매주 목요일과 금요일 오전과 오후에 부산광역시 남구 문현동 부산국제금융센터BIFC 내의 금융 관련 홍보·박물관 네 곳을 연결한 체험학습 금융교육 프로그램이다.

금융교육로드의 진행 순서는 '한국거래소 자본시장역사박물관[KRX] → 기술보증기금 과학기술체험관[KIBO] → 부산은행 금융역사관[BNK] → 한국은행 부산 본부 화폐전시관'이다. 건물이 따로 떨어져 있지 않고 모두 부산국제금융센터에 있어서 하나의 지도를 가지고 체험하고 교육받을 수 있다. 연령에 따라 기초반과 심화반으로 나누어 교육한다.

홈페이지 주소	http://bfmr.busan.com/main/main.php
주　소	부산광역시 남구 문현금융로 30
교육일	매주 목요일과 금요일
교육 시간	기초 금융교육 – 오전반 10:00~12:00, 오후반 13:00~15:00 심화 금융교육 – 10:00~15:00
단체 관람	홈페이지에서 신청 (20~40명만 가능, 인솔교사 동행 시 가능)
사진 촬영	가능 (단, 플래시나 삼각대 사용 금지, 상업적인 용도 촬영 금지)

(4) 한국거래소 홍보관

한국거래소는 유가증권시장, 코스닥, 파생상품시장 등 국내 증권 관련 거래를 총괄하는 곳으로, 2005년 1월에 출범한 한국증권선물거래소가 전신이며 2009년 한국거래소[KRX: Korea Exchange]로 이름을 변경하였다. 한국거래소 본사인 부산에서는 자본시장역사박물관을 운영하고 서울에는 홍보관을 설치하여 한국 선물경제와 자본시장의 역사를 한눈에 조망할 수 있게 하였다.

프로그램은 테마별로 구분해서 이용할 수 있다. 시장존에서는 한국거래소의 역할과 업무를 터치스크린을 통해 살펴볼 수 있다. 기업존에서는 상장 및 공시 제도의 의미를 이해하고 가상으로 자신의 기업을 만들어 상장시키는 체험 프로그램을 경험할 수 있다. 체험존이나 교육존에서는 '황비 – 웅비 오르락내리락

주식 게임'이라는 보드게임을 통해 실제로 장을 펼쳐 보며 주식거래를 쉽게 익힐 수 있다.

홈페이지 주소	http://academy.krx.co.kr/main/main.jsp
주　소	서울특별시 영등포구 여의나루로 76 (여의도동)
전　화	02) 3774-4413
운영 시간	월~금요일 9:00~18:00
휴관일	토요일, 일요일, 국경일
예약 가능 시간	9:00~17:00
주차 시설	있음

(5) 한국금융사박물관

한국금융사박물관은 신한은행이 설립한 금융사 전문 박물관이다. 국내 금융사 관련 자료를 수집 및 전시하며, 직접 체험할 수 있다. 동영상을 활용한 온라인 금융교육, 개인 혹은 단체에서 신청을 받아 진행하는 오프라인 금융교육 프로그램이 있다.

한국금융사박물관에서는 1890년대에 설립된 근대 형태의 은행인 조선은행과 한성은행에서부터 지금의 은행까지 변화되어 온 모습을 다양한 유물과 기록을 통해 직접 확인해 볼 수 있다.

홈페이지 주소	http://www.shinhanmuseum.co.kr
주　소	서울 중구 세종대로 135-5
전　화	02) 2151-7677
운영 시간	월~토요일 10:00~18:00
휴관일	일요일, 공휴일
이용료	무료

(6) 키자니아

어린이 직업테마 파크인 키자니아는 직업 체험뿐 아니라 실제로 아르바이트를 해서 돈을 벌고 쓰고 저축할 수 있도록 구성된 곳이다. 박물관 체험은 무료인 곳이 많으나, 이곳은 유료로 이용해야 한다.

어린이의 눈높이에 맞추어서 직업군을 축소하여 갖추어 놓았으며, 해당 직업의 유니폼을 입고 다양한 직업을 체험하고 경제활동을 할 수 있다. 체험활동 시에는 부모의 출입을 제한하여 아이의 독립심을 키울 수 있고, 다른 아이들과 함께 활동하면서 리더십과 사회성을 기를 수 있다.

미리 홈페이지를 방문하여 이용할 시간대를 결정하고, 금액을 확인한 후에 어떤 직업군이 있는지, 어떤 일을 하고 어떻게 이용할 것인지를 아이와 함께 의논하고 방문하면 훨씬 더 효율적으로 체험할 수 있다. 키자니아 직업테마파크는 서울과 부산에 있다.

홈페이지 주소	http://www.kidzania.co.kr
주 소	서울키자니아: 서울특별시 송파구 올림픽로 240
	부산키자니아: 부산광역시 해운대구 센텀4로 15 센텀시티몰 4층
전 화	1544-5110
운영 시간	매일 10:00 ~19:30 (종일권 기준)
이용료	유료 (연령, 시간대에 따라 다름)

※ 자세한 사항은 홈페이지 참조

2) 함께 나누는 경제교육

우리 아이들이 올바른 경제인으로 성장하기 위해서는 다른 사람과 나눌 줄 아는 가치관과 태도를 갖추어야 한다. 아이들은 다른 사람과 나누는 경험을 통해 지출의 절약뿐만 아니라 자원의 재사용, 환경 보호 등을 알게 되어 경제활동의 선순환을 체험할 수 있다. 다음의 나눔을 체험할 수 있는 프로그램에 판매자나 구매자 혹은 자원봉사자로서 참여하여 다양한 경제활동을 해 본다.

(1) 뚝섬 아름다운 나눔장터

아름다운 나눔장터는 재사용을 통해 자원 낭비를 막고 환경을 보호하며 대안적 소비문화를 확산시키는 세계시민 문화운동이다. 시민이 직접 참여하여 재사용과 나눔을 실천하는 어린이, 청소년의 경제·환경·나눔 교육의 장이다. 판매에 참여하고 싶다면 인터넷으로 판매신청을 할 수 있다.

아름다운 나눔장터는 순환을 통해 물건의 생명을 연장시켜 더 오랜 가치를 지니게 하는 재사용 나눔장터로 직접 팔아 생기는 수익금의 일부를 이웃을 위해 기부한다. 그래서 판매 후 판매수익금의 30% 이상을 자율 기부하는 약속을 한다. 또한, 사고파는 것 외에 장터를 위한 '자원봉사'도 신청받는다. 봉사활동 홈페이지http://1365.go.kr에 접속해서 개인봉사 참여를 신청하면 자원봉사에 참여하고 자원봉사 기록도 저장된다. 자원도 재활용하고, 수익도 올리고, 기부와 자원봉사를 통해 사회에 환원하는 멋진 나눔장터에 참여하면서 나누는 경제체험을 추천한다.

홈페이지 주소	http://www.flea1004.com
전 화	1899-1017
운영 시간	화~토요일 10:00~18:00 (일요일, 월요일, 공휴일)
운영 기관	서울특별시 중구 소공로 34, 아름다운가게

(2) 위아자 나눔장터

위아자 나눔장터는 해마다 열리는 대규모 나눔장터로 중앙일보가 2005년부터 매년 창간기념일[9월 22일] 전후에 개최하고 있다. 사용하던 물건을 시민끼리 사고팔아 수익금으로 저소득층 어린이를 돕는 나눔장터로 기부금의 전액을 아름다운가게와 위스타트[We Start]를 통해 저소득층 아동을 돕는 데 사용한다. 해마다 서울, 부산, 대전, 전주에서 열리는데, 서울은 광화문 광장 일대, 부산은 송상현광장 일대, 대전은 보라매공원, 전주는 전북도청 광장에서 열린다.

행사 프로그램으로는 어린이·기업·단체의 마켓존, 명사 기증품 경매 및 특별 판매, 나눔·환경 체험존, 재활용 놀이터, 문화공연 등이 있다. 참여는 미리 홈페이지에 판매신청을 해서 판매할 수 있다. 또한, 명사 기증품의 경우 나눔장터에 마련된 '명사 기증품 경매 코너'에서 직접 경매에 참할 수 있고, K 옥션 경매사이트[http://www.k-auction.com]에서 온라인 경매도 진행된다.

매년 날씨 좋은 가을에 열리는 대규모 행사이니 아이들과 함께 판매에 참여하거나, 구매자로 참여하여서 경제 체험도 하고 나눔도 실천하는 참 경제인으로의 발판을 다지면 좋다.

홈페이지 주소 http://weaja.joins.com
주 최 서울특별시, 부산광역시, 중앙일보, JTBC
주 관 아름다운가게, 위스타트
협 찬 GS칼텍스
전 화 서울: 1899-1017 / 부산: 051) 867-8701~2
메 일 fleamarket@bstore.org

(3) 서초 토요벼룩시장

서초 토요벼룩시장은 IMF 외환위기 극복을 위해 1998년 1월 14일에 '아나바다 운동' 실천 차원에서 시작되었으며, 20년째 이어지고 있다. 중고 물품 판매 외에도 사회적 경제마켓, 그린마켓, 휴카페 등을 운영한다.

매주 같은 장소에서 운영하여 참여자들의 지역적 편중이 발생하고 벼룩시장이 개최되는 인근 지역 주민의 불편사항이 제기되어 2017년부터 '권역별 찾아가는 서초 토요벼룩시장'을 개최하여 접근성을 높임으로써 더 많은 이웃과 소통하는 나눔의 장이 되었다. 추운 겨울철을 제외하고 정기적으로 운영되니 시간과 장소를 확인해서 가족과 함께 참여해 보면 좋다.

홈페이지 주소	http://www.seocho.go.kr/site/fm/main.do
전 화	월~금요일: 서초구청 여성보육과 02) 2155-6699
	토요일: 서초25시센터 02) 2155-6100~3

※ 운영 시간 및 개최 장소 등 자세한 사항은 홈페이지 참조

(4) 녹색장터

녹색장터는 서울시가 추진하는 시민 주도의 생활형 중고장터 지원 사업으로 재사용의 시민 실천문화 확산을 위하여 시행하고 있다. 시민이 직접 아파트, 공원 등 일상생활 곳곳에서 장터를 운영하는 녹색장터는 지역 주민이 즐겁게 참여하는 교류의 장이자, 아이들을 위한 훌륭한 경제교육의 장소이다.

녹색장터 홈페이지에서 '지역별 녹색장터 찾기'를 이용해서 가까운 지역의 녹색장터를 찾아 판매자 또는 매수자로 자유롭게 참여할 수 있다.

홈페이지 주소 http://fleamarket.seoul.go.kr/greenmarket/info.do
주 소 서울특별시 중구 덕수궁길 15 서울시청 기후환경본부 자원순환과
전 화 02) 120 (각 구청 청소행정과)
녹색장터 운영기준

- 참여 인원: 자신의 중고물품을 가져온 10명 이상이 참여토록 기획
- 물품 구성: 재사용 장터에 맞게 물품을 구성
  (신품, 재고물품, 고가품 및 가짜 명품 판매를 제한)
- 장터 홍보: 지역 주민들이 참여할 수 있도록 2주 이상 서울시 녹색장터 홈페이지, 구청 및 주민센터 홈페이지에 장터 운영 내용을 공지

(5) 광화문 희망나눔장터

광화문 희망나눔장터는 보행친화도시 구현의 시대 변화에 부응하고, 쉼과 소통의 공간인 장터를 통해 공동체 회복의 장을 마련하고, 재활용 장터 등을 통해 취약계층 일자리 창출 및 청년 창업 희망자에게 창업 아이템 및 아이디어를 제공하며, 시민과 관광객에게 보고 즐길 수 있는 문화 공간을 제공함으로써 역사와 문화가 살아 숨 쉬는 서울시의 대표 관광브랜드를 조성하기 위해 개장하게 되었다.

판매자 참가신청을 통해 판매자로 참여할 수 있으며 인터넷으로 참여를 예약할 수 있다. 장터 개장 2주 전까지 접수를 완료해야 하며, 예약 접수 후 각 장터 개장일 전 수요일에 참여 당첨 명단이 공개된다.

일반시민장터는 비상업적 목적의 일반 시민이 어린이와 보호자가 함께 판매자로 참여할 수 있다. 학교, 기관, 동호회 등의 단체 참가자는 단체장터에 참여할 수 있으며, 인터넷으로 신청 가능하다.

판매자로 참여해서 체험해 보는 방법이 가장 좋지만, 신청 기간을 놓쳤거나 다른 이유로 판매자가 되지 않을 때는 구매자로 참여해서 체험하는 것도 좋은 경험이다.

홈페이지 주소	http://fleamarket.seoul.go.kr/gwanghwamoon/info.do
관리 부서	서울특별시 자원순환과
전　화	02) 120
판매 참가 문의	02) 3144-0444 (평일 9:00~18:00, 토 · 일요일 · 공휴일 제외)
휴　일	혹서기, 추석, 위아자 나눔장터 개장일에는 미운영
시　간	11:00~17:00
장　소	광화문 광장: 세종대로 및 청계천로 일대 등
구　성	재사용 나눔장터(시민장터, 보부상), 자활장터, 서울풍물시장, 천 원의 행복, 폐건전지 교환, 청년희망장터, 스페셜존, 외국인 벼룩시장, 문화공연 등

(6) 학교 벼룩시장

학교나 학부모회에서 주최하는 벼룩시장이 있다면 참여해 본다. 벼룩시장을 한다는 안내장이 오면, 판매자 또는 자원봉사자로 참여할 수 있으므로, 망설이지 말고 신청하여 아이들과 경제 체험과 나눔을 실천해 본다.

아이들은 벼룩시장 참여를 통해 제품에 대한 적절한 가격 책정과 홍보를 고민하면서 경제 감각을 익힐 수 있다. 또한, 수입 중 일부를 기부하는 경우 스스로 번 돈으로 나눔을 실천하는 뿌듯한 경험도 할 수 있다.

(7) 자치구 재활용센터

각 자치구에서 상시 운영하는 재활용센터를 활용하는 것도 좋은 방법이다. 다양한 중고 제품을 사고팔며 온라인으로도 편리하게 구입할 수 있다. 홈페이지를 방문해서 지역별 재활용센터를 확인하고, 안 쓰는 물건을 팔거나 재활용품을 저렴하게 구입해서 효율적인 경제활동을 체험할 수 있다.

홈페이지 주소	http://fleamarket.seoul.go.kr/rcmarket/index.do

3) 함께 배우는 금융교실

체험 장소에서 즐기면서 체험을 하고, 좀 더 체계적인 경제교육을 받고 싶다면 함께 배울 수 있는 경제교육 프로그램에 참여한다. 체험기관에서 소개하는 경제교육 프로그램을 살펴본 후 아이와 부모 모두 각자에게 맞는 금융교육에 참여하면 훨씬 더 좋다.

(1) 전국투자자교육협의회 금융교실

투자자교육협의회에서는 투자자를 위한 교육뿐 아니라 '부모와 자녀가 함께하는 신나는 금융특강' 등 다양한 교육 콘텐츠를 마련하고 있다. 정기적이고 체계적인 금융 및 경제교육을 통해서 성공하는 투자자로 우뚝 설 수 있도록 돕고 있다. 홈페이지에 방문하여 교육 콘텐츠를 살펴보고 참여해 본다.

홈페이지 주소 https://www.kcie.or.kr

① 파이낸셜 빌리지

파이낸셜 빌리지Financial Village는 어린이, 청소년, 대학생, 성인에 이르기까지 전 연령대가 함께 참여하여 최신 멀티미디어를 통해 금융과 투자를 체험할 수 있는 체험형 학습관이다. 대형 화면을 손으로 터치하면서 금융게임을 할 수 있어 재미있게 놀면서 배우는 금융의 세계를 경험해 볼 수 있다.

② 꿈꾸는 여의도 경제버스

경제버스는 학생들을 태우고 금융의 중심지인 여의도에서 금융감독원, 금융투자협회전국투자자교육협의회, 한국거래소, 하나금융투자 등을 방문해 살아 있는 경제 지식을 배울 수 있다.

중학생과 고등학생을 대상으로 하며, 학교 동아리나 학급 단위의 단체만 참여할 수 있다. 사회공헌사업으로 참가비는 무료이다.

대 상	중학교 1학년~고등학교 3학년 학교 동아리 및 학급 (25인 이상 40인 이하)
신청 자격	학교 담임교사 및 경제, 금융, 진로 담당교사
신청 방법	온라인 신청

※ 학교 단위로만 신청이 가능하며, 학교 이외 단체의 신청은 불가
※ 교육 진행 시 인솔교사 교육 동참 필수

③ 청소년 e-도서관

e-도서관을 통해 방문하지 않아도 금융을 알 수 있도록 '동영상으로 배우는 금융', 'e-book으로 읽는 경제' 등 다양한 콘텐츠를 구성하여 제공한다.

④ 토요 어린이 금융교실

학부모와 초등학교 4~6학년을 대상으로 토요일 어린이 금융교실을 운영한다.

주 소	서울시 영등포구 여의나루로 67-8 금융투자교육원 13층
전 화	02) 2003-9858, 2003-9843

(2) JA-Korea 경제교육 프로그램

JA[Junior Achievement]는 1919년 설립되어 전 세계 120여 개국에서 경제교육 프로그램을 무료로 제공하는 경제교육 비영리단체로, 체계적이고 실용적인 금융교육, 진로교육, 기업가 정신 교육을 제공한다.

대상은 유아부터 대학생까지이며, 어린이와 청소년이 시장경제에 대한 올바른 인식을 함양하여 자신의 미래를 변화시키고 글로벌 경제 사회에서 성공적인 삶을 영위하도록 하는 것을 목적으로 한다.

기업에서 파견하는 자원봉사자와 대학생이 프로그램을 진행하는데, 경제 관련하여 다양하게 배울 수 있으며, 신청은 학교 단위로 받는다. 교육 시 부모도 참관할 수 있다.

홈페이지 주소 https://www.jakorea.org
상 호 사단법인 제이에이코리아
주 소 서울특별시 강서구 양천로 583, B동 1710호 (우림블루나인비즈니스센터)
전 화 02) 783-2367
팩 스 070) 4275-5115

(3) 한국은행 화폐박물관 경제교실

한국은행 화폐박물관은 화폐의 역사와 관련된 다양한 자료를 전시하며, 초등학생과 중·고등학생, 성인에게 경제교육을 하고 있다. 화폐문화강좌, 경제강좌, 체험강좌, 어린이 박물관교실 등 다양한 교육 프로그램을 홈페이지에서 신청할 수 있다. 주말과 방학강좌도 있으며, 인원은 선착순으로 모집한다.

강좌 안내

<table>
<tr><th colspan="2">강좌명</th><th>신청 방법</th><th>시간</th><th>장소</th></tr>
<tr><td rowspan="3">주말강좌</td><td>화폐문화 강좌</td><td rowspan="2">박물관 안내데스크에서 선착순 접수
(수강인원 35명 제한)</td><td>매월 첫째, 셋째, 다섯째 토요일 14:00~15:00</td><td rowspan="3">한국은행 화폐박물관 세미나실</td></tr>
<tr><td>경제 강좌</td><td>매월 둘째, 넷째 토요일 14:00~15:00</td></tr>
<tr><td>체험 강좌</td><td>박물관 안내데스크에서 선착순 접수
(수강인원 30명 제한)</td><td>매월 둘째, 넷째 일요일 14:00~15:00</td></tr>
<tr><td colspan="2">어린이박물관 교실</td><td>온라인 접수
(방학 기간 중 운영)</td><td>방학 기간 중 운영</td><td rowspan="2">한국은행 화폐박물관</td></tr>
<tr><td colspan="2">특별 강좌</td><td>-</td><td>별도 공지</td></tr>
</table>

홈페이지 주소	https://www.bok.or.kr/museum/main/contents.do?menuNo=700783
주 소	서울특별시 중구 남대문로 39 (남대문로3가)
전 화	02) 759-4114
담당부서 연락처	화폐박물관팀 / 02-759-4881

(4) 매경 어린이 경제교실

매경 어린이 경제교실은 매일경제 신문사에서 2000년부터 운영하는 경제교실이다. 다양한 게임과 영상, 체험을 통해 경제를 처음 만나는 어린이가 경제를 친근하게 느낄 수 있도록 교육 프로그램을 진행한다. 또한, 소수 집중형 교육을 통해 학생의 수준에 맞추어 교육한다.

상설 프로그램으로는 '경제랑 친구하기', '머니가 뭐니?', '용돈 완전정복', '경제활동과 기업가', '시장 속 경제탐험' 등이 있으며, 수시로 특별 프로그램도 진행하고 있다. 쉽고 재미있게 경제에 다가갈 수 있는 프로그램이 많으므로, 홈페이지를 방문하여 신청해 본다.

홈페이지 주소	http://kids.mk.co.kr/new/index.php
주 소	서울특별시 중구 퇴계로 190
전 화	02) 2000-2114

(5) 국세청 조세박물관 세금교실

국세청 조세박물관은 세금의 역사, 조세제도와 국세 행정의 발전 과정을 소개하는 세금 전문 박물관이다.

우리 역사와 민족의 우수성과 자긍심을 느끼며 세금의 중요성을 배울 수 있어서 학생들에게는 세금 체험 장소로, 연구자들에게는 자료관으로 이용되고 있다. 평일에 운영하며, 세금 체험교실은 인터넷이나 전화로 예약한 후 참여할 수 있다.

세금 체험교실은 유아, 초등, 중·고등학생으로 나누어 운영한다. 초등학교 저학년 학생을 위한 '어린이 세무조사관 체험교실', 중·고교생을 위한 '청소년 세금교실' 등과 박물관 투어 퀴즈, 세금계산서 코너가 마련되어 있다.

이외에도 부가가치세, 사업자등록증, 세금계산서, 현금영수증 등을 직접 발행해 볼 수 있다.

홈페이지 주소	https://www.nts.go.kr/museum/information/sub01_tab01.asp
주 소	세종특별자치시 국세청로 8-14 국세청 조세박물관
전 화	044) 204-4646~8
운영 시간	화~일요일 9:00~18:00
휴관일	월요일, 법정공휴일
관람료	무료
교육 프로그램	세금 체험 프로그램
교육 시간	화~금요일: 10시, 11시, 14시, 16시 토~일요일: 10시, 15시

※단체 관람 및 교육 참여는 예약 필수

(6) 증권박물관 경제교실

증권박물관은 한국예탁결제원이 공익목적으로 운영하는 증권 전문 박물관이다. 곧 다가올 전자증권 시대에 대비하여 인류 문화 유물인 증권 실물實物을 보전하고 증권 발행의 역사를 살펴볼 수 있다.

복잡하고 어려운 증권시장의 메커니즘을 흥미롭게 알려 주기 위해 연령별 교육 프로그램을 운영한다.

유아에게는 증권의 개념을 다양한 교구를 활용한 놀이로 알려 준다. 초등학생은 주식과 채권의 차이를 비교해 봄으로써 증권에 관한 기본 지식을 쌓을 수 있다. 중·고등학생은 수행활동을 하면서 증권의 역사와 금융시장의 메커니즘에 대해 스스로 학습할 수 있다. 대학생과 성인은 우리나라 증권 발달 과정과 현대의 증권시장을 조명한다.

증권박물관에 방문하여 전시를 관람하고, 다양한 교육 프로그램도 수강해 보기를 권한다.

홈페이지 주소	http://museum.ksd.or.kr/index.home
주 소	경기도 고양시 일산동구 호수로 358-8 한국예탁결제원 6층 증권박물관
전 화	031) 900-7070
전시 관람 시간	월~토요일 10:00~17:00
휴관일	일요일, 법정공휴일
관람료	무료 (국가 중요 시설로 지정된 곳으로 별도의 출입증 발급 절차 있음)
전시 해설	10명 이상은 7일 전까지 홈페이지 예약
해설 대상	유아, 초등, 중학생, 고등학생, 성인 10명 이상

표 12 경제 체험 및 교육 장소

	장소	내용
박물관, 체험관	한국은행 화폐박물관	자료 전시 + 교육
	파이낸셜 빌리지 체험관	금융 체험 + 교육
	부산 파이낸셜 뮤지엄 로드	자본시장 역할, 기능 체험 + 교육
	한국거래소 홍보관	자본의 역사 및 경제 체험
	한국금융사박물관	금융사 자료 전시 + 교육
	키자니아	직업 체험(유료)
나눔 경제교육	뚝섬 아름다운 나눔장터	판매자, 구매자로 참여
	위아자 나눔장터	매년 9월에 개최, 수익금 기증
	서초 토요벼룩시장	매주 토요일 정기 운영
	녹색장터	시민이 직접 판매, 구매자로 참여
	광화문 희망 나눔장터	매주 일요일 정기 운영
	학교 벼룩시장 / 재활용센터	중고품 다양하게 거래
경제교육 교실	전국투자자교육협의회 금융교실	파이낸셜 빌리지, 경제버스, 토요 어린이 금융교실 등
	JA-Korea 경제교육	금융, 진로, 기업가 정신교육
	한국은행 화폐박물관 경제교실	화폐문화, 경제, 체험, 강좌 등
	매경 어린이 경제교실	경제교실, 머니교실, 용돈 등
	국세청 조세박물관 세금교실	세금교실, 사업자등록 등
	증권박물관 경제교실	증권발달, 증권시장 등

참고 문헌

교육과학기술부(2011). 유치원 기본과정 내실화를 위한 경제·소비자교육 프로그램.

김경하(2010). 체험활동을 통한 경제교육이 유아의 경제기본개념 및 구매행동에 미치는 영향. 전남대학교 교육대학원 유아교육전공 석사학위 청구논문.

김영옥·홍혜경(1998). 유아의 소비생활 인식과 경제교육을 위한 교육과정 모색. 한국아동학회 춘계학술대회. 서울: 서울여자대학교.

김지룡(2006). 아이의 미래 똑똑한 경제습관에 달려 있다. 서울: 흐름출판.

김지혜(2010). 지역사회를 활용한 유아경제교육 활동이 유아의 경제개념과 구매활동에 미치는 영향. 덕성여대 교육대학원 유아교육전공 석사학위 청구논문.

김혜영(2002). 경제동화를 활용한 통합 활동이 유아의 화폐 개념에 미치는 영향. 덕성여자대학교 대학원 석사학위논문.

로버트 기요사키(2014). 부자아빠의 자녀교육법 (박슬라 역). 서울: 민음인.

로버트 우볼딩·이양희(2002). 어린이 마음을 여는 기술. 서울: 사람과사람.

문미화·민병훈(2012). 유태인식 경제교육. 서울: 도서출판 달과소.

민디 L. 콘하버 외(2008). 다중지능학교사례. 경기: 교문사.

바바라 케틀뢰머·이상희(2014). 초등 1학년, 경제교육을 시작할 나이. 서울: 카시오페아.

박경철(2015). 시골의사의 부자경제학. 경기: 리더스북.

성현란·이현진 외(2001). 인지발달. 서울: 학지사.

손현덕·최은수 외(2004). 금융IQ를 높이자. 경기: 을파소.

신용준(2014). 자녀를 위한 7가지 부의 법칙. 서울: 좋은땅.

아라이 나오유키(2016). 부자의 집사. 경기: 다산북스.

오리슨 S. 마든(2015). 아무도 가르쳐 주지 않는 부의 비밀 (박별 역). 나래북.

오희성·김승희(2020). 그림책 기반 역할극을 활용한 경제교육이 유아의 의사결정력과 친사회적 행동에 미치는 영향. 한국유아교육연구.

이영자·유효순·이정옥(2002). 주제중심의 통합적 접근방법에 의한 유아사회교육. 서울: 교문사.

이정수 · 김성민 · 이소정 · 이경옥(2007). 유아의 경제생활습관과 관련된 변인들 간의 구조모형 분석: 유아의 성별, 자기조절능력, 기본생활습관 및 부모의 경제교육행동을 중심으로. 한국유아교육학회 정기학술발표논문집.

전성수 · 양동일(2014). 유대인 하브루타 경제교육. 서울: 매일경제신문사.

제윤경(2006). 돈에 밝은 아이. 서울: 한겨레출판.

조승연(2008). 비즈니스의 탄생. 서울: 더난출판.

존 듀이(2018). 존 듀이 경험과 교육 (강윤경 역). 서울: 배영사.

존 리(2016). 엄마, 주식 사 주세요. 서울: 한국경제신문.

최경숙(2000). 발달심리학. 서울: 교문사.

최윤식(2016). 2030 대담한 도전. 서울: 지식노마드.

피터 린치 · 존 로스차일드(2017). 전설로 떠나는 월가의 영웅 (이건 역). 경기: 국일증권경제연구소.

황경윤 · 김민진(2013). 경제동화 읽기에 기초한 가정 연계 경제교육 활동이 유아의 경제개념 및 유아와 부모의 소비행동에 미치는 영향. 열린유아교육연구.

EBS 자본주의 제작팀 · 정지은 · 고희정(2015). 자본주의. 서울: 가나출판사.

EBS 자본주의 제작팀 · 정지은 · 고희정(2015). 자본주의사용설명서. 서울: 가나출판사.

Berk, L. E. (2014). 아동발달(9편) (이종숙 역). 서울: 시그마프레스.

금융감독원. 금융 꿀팁 200선, http://www.fss.or.kr/fss/kr/main.html.

금융교육협의회(2020. 5. 1). 「금융교육 개선 기본방향」 의결, http://www.fsc.go.kr/info/ntc_news_view.jsp?bbsid=BBS0030&page=1&sch1=&sword=&r_url=&menu=7210100&no=33872.

정옥주(2019. 8. 5). 금융위 "정규 교과과정에 '금융교육' 포함 검토", 다음뉴스: https://news.v.daum.net/v/20190805120044223.

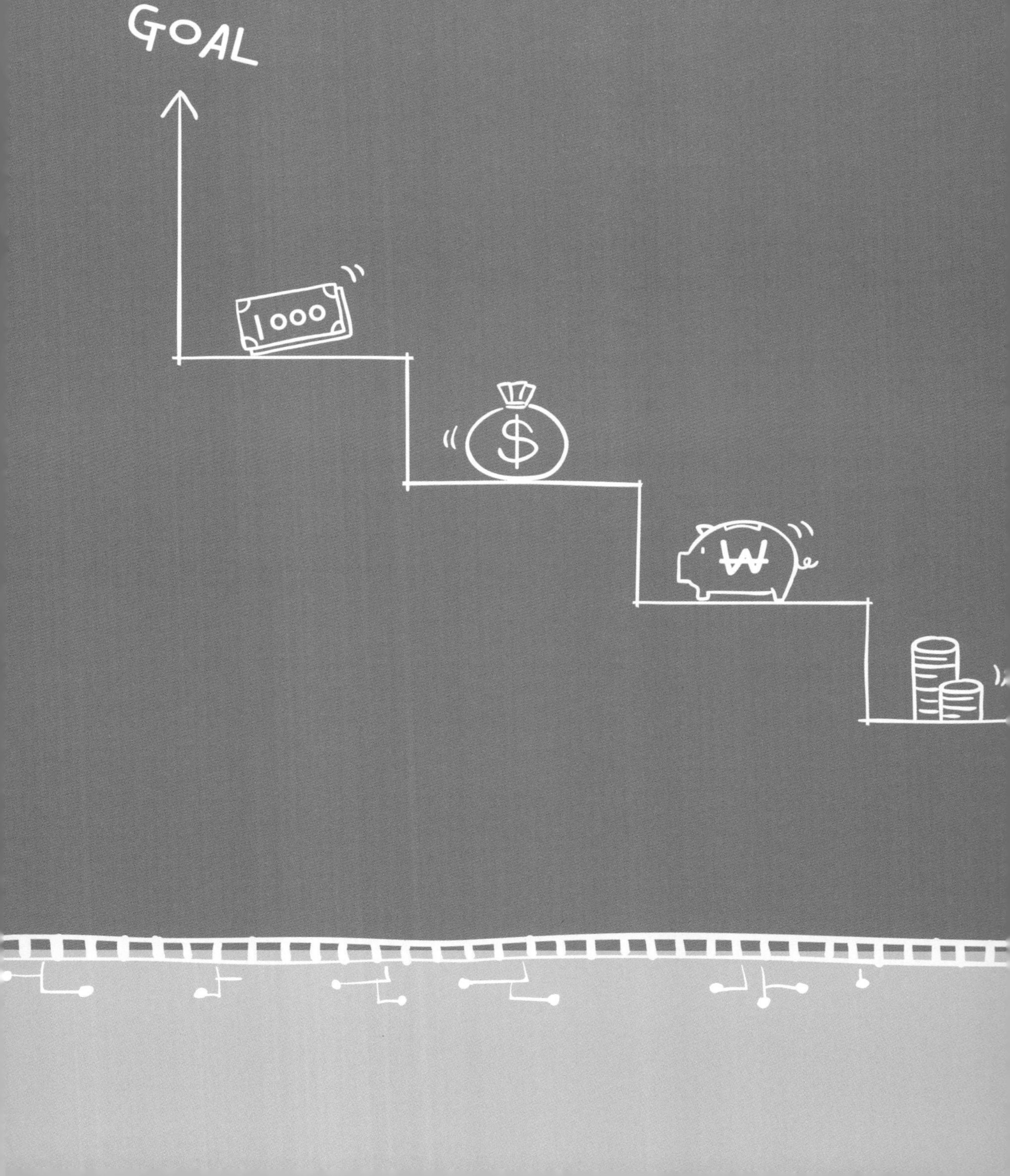
GOAL
1000
$
₩

부 록

1 월별 용돈받기 활동표

※가정에서 용돈을 받을 수 있는 일을 아이와 협의해서 정하고 활동표에 스티커를 붙여 주거나 기록해서 즐겁게 활동할 수 있도록 동기 부여를 해 줍니다.

5세	6세	7세
1. 신문 가져다 드리기 2. 인사하기 3. 사용한 물건 정리하기 4. 이 닦기, 세수하기, 옷 입고 벗기 5. 설거지, 식탁 준비하기	1. 쓰레기 분류 돕기 2. 신발 정리, 구두 닦기 3. 심부름하기 4. 세탁물 접기 5. 청소하기	1. 차 대접하기 2. 화분에 물 주고 나뭇잎 닦기 3. 동생 돌보기 4. 효도하기(부모님 팔다리 주무르기)

2 용돈기입장

_____________년 ______월

날짜	내용	수입			지출				잔액
		용돈	번 돈	기타	투자	저축	기부	소비	
합계									
				원				원	원
이번 달 남은 돈				원					원

3 경제 게임 및 활동지 ①

똑똑 꼬마 경제인

이름:

우리나라 동전에 있는 그림의 의미를 찾아 줄을 이어 보세요.

불국사 다보탑
우리나라의 대표적인 돌탑

이순신 장군
거북선을 만드신 분

학
영화와 장수를 상징

똑똑 꼬마 경제인

이름:

동전의 모양을 나타내어 돼지저금통을 만들어 보세요.

4 현명하게 소비해요: 미로게임

게임 방법

1. 출발선에 사고 싶은 물건의 이름을 적은 후, 미로를 따라가 보세요.
2. 주어진 문항에 답변을 하면서 이동하세요.
3. 미로를 통과해서 도착하면 그 물건을 사도 좋아요.

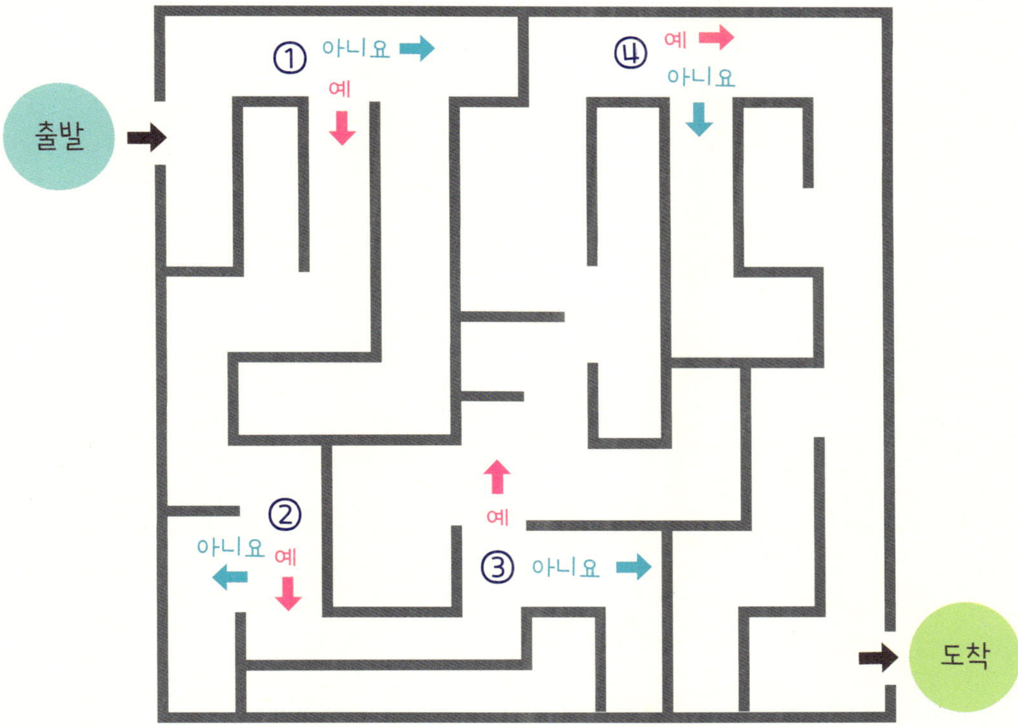

① 꼭 필요한 물건인가요?
② 가진 돈으로 살 수 있나요?
③ 더 좋은 물건은 없나요?
④ 더 싸게 파는 곳은 없나요?

5 산 물건에 문제가 있어요. 어떻게 할까요?

게임 방법

새로 옷을 샀는데 구멍이 나 있어요. 어떻게 하면 좋을까요? 사다리게임을 통해 생각해 봅시다.

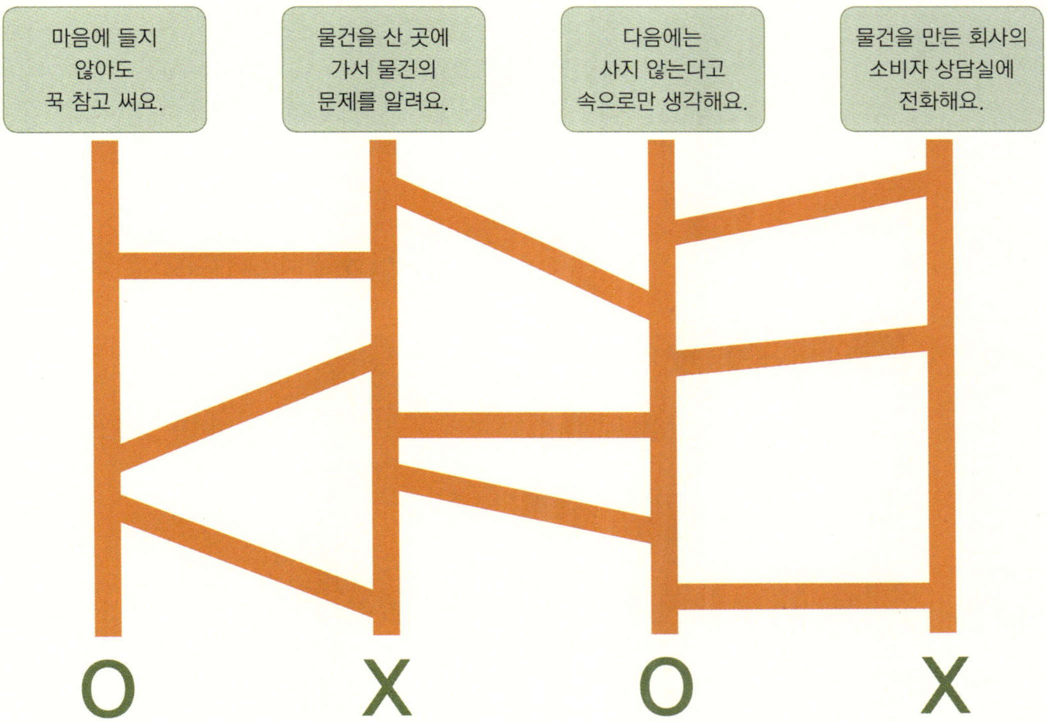

6 재활용품을 분리배출해요

게임 방법

1. 재활용품을 분리배출해 보세요.
2. 아래의 카드를 오려서 분리수거 통에 분리해서 넣어 주세요.

스티커

요구르트병	신문지	콜라병	샴푸 용기	책	투명 유리병	거울	세제 용기
1회용 기저귀	옷걸이	전화기	1회용 스티로폼 도시락	불투명한 병	페이트통	비닐 코팅된 종이	도자기 그릇

올바른 분리배출 방법을 확인해 보세요.

종이류

신문지
책

플라스틱류

세제 용기
샴푸 용기
요구르트병

유리병류

콜라병
투명 유리병

일반쓰레기

거울, 전화기
1회용 기저귀
비닐 코팅된 종이
1회용 스티로폼 도시락
옷걸이, 불투명한 병
도자기 그릇, 페인트통

7 쇼핑게임 승리 스티커북 (145쪽 참조)

게임 방법

1. 쇼핑게임에서 승리할 때마다 스티커를 붙이고 10개가 모두 모이면 승리합니다.
2. 승리를 하면 미리 적어 놓은 "목표 달성 소원" 중 한 가지를 엄마, 아빠와 같이 해 보세요.

목표 달성 소원	
1. 예: 엄마, 아빠와 게임	4.
2. 예: 엄마, 아빠와 여행	5.
3.	6.

스티커

저자 소개

윤 정 란

저자 윤정란은 성균관대학교에서 보육학 석사학위를 받았으며, 성균관대학교 대학원에서 인재개발학과 임상심리전공 박사과정을 수료하였다. 성균관대학교 아동청소년학과 겸임교수, 서일대학교 사회복지학과 겸임교수를 역임하고 10년 넘게 국공립 어린이집 원장으로 재직하고 있다.

사업을 하는 남편의 내조로 시작한 경제 공부가 자본주의에서 살아가는 모든 이에게 꼭 필요한 공부라는 것을 깨닫게 되어, 재직하고 있는 유아교육기관에서 아동경제교육 프로그램을 진행하고, 효과를 확인하여 책으로 집필하였다.

현재, 한국영유아보육학회 총무분과, 한국경제교육학회 정회원으로 활동하고 있으며, 집필한 책으로는 공저인 아동상담, 보육학개론, 부모교육, 보육과정, 유아인권교육 프로그램 등이 있다.

부모와 교사가 함께하는 아동 경제인성 교육

경제습관이 인성교육

초판 1쇄 인쇄 2020년 6월 5일
초판 1쇄 발행 2020년 6월 12일

지 은 이 | 윤정란
펴 낸 이 | 김기섭
편 집 인 | 김민수
펴 낸 곳 | 창지사 www.changjisa.com
08589 서울시 금천구 가산디지털 1로 83 파트너스타워 1차 9층
전화 (02)719-2211~3
팩스 (02)701-9386
등 록 | 1977년 4월 28일 · 제1-421호

ISBN 978-89-426-1333-5 (13370)

값 20,000원

「이 도서의 국립중앙도서관 출판예정도서목록(CIP)은 서지정보유통지원시스템 홈페이지(http://seoji.nl.go.kr)와 국가자료공동목록시스템(http://www.nl.go.kr/kolisnet)에서 이용하실 수 있습니다.(CIP제어번호: CIP2020022781)」